JN438916

진영광 詩集 I

〔篆刻 : 古岩 鄭昞例〕

■ 이 시집은 저자의 변호사 생활 25주년을 기념하여 발간한 것임.

시집을 엮으며

바쁜 일상에 지쳤을 때
여행만큼 좋은 건 없다.직

낯선 곳을 찾아 떠난다는 것은
다름 속에서 아름다움을 찾을 수 있어 좋다.

여행은 나를 돌아보게 하기도 한다.
이처럼 여행은 겸허와 관용을 가르쳐주고,
자유를 일깨워 준다.

그래서 안데르센은
여행을
“정신이 도로 젊어지는 샘”이라고 했나 보다.

그리고 여행의 끝자락
돌아가 쉴 수 있다는 게 얼마나 좋은가!

변호사 진 영 광

차례

靑의 大陸 - 유럽 11

黑의 大陸 - 아프리카 61

赤의 大陸 - 아메리카 71

黃의 大陸 – 아시아 123

靑의 大陸 - 유럽

〔그리스 아테네〕

아우슈비츠[AUSCHWITZ]수용소[1]

'일하면 자유로워진다'[2]
나치에 속아
죽음의 벽을 찾아온
유태인들은
아는지 모르는지
가스샤워실로 걸어갔고[3]
잠시 후 돌아오지 않았다.
금이빨은 뽑히고
머리카락은 잘리고
살인공장 연기되어[4]

---

1) 지금은 국립 오시비엥침 박물관으로, 아우슈비츠의 폴란드어 이름은 OSwiecim (오시비엥침)이다.
2) 'ARBEIT MACHT FREI'라고 정문에 구호가 걸려 있는데 ARBEIT의 B자가 거꾸로 되어 있다. 수용소의 피수감자가 작업한 문자 현판으로 공포의 억눌림에 들키지 않으려고 극소화시킨 작디작은 저항으로 심금을 울린다.
3) 사이클론 비〔Cyklon B〕라는 독가스를 투입해 질식사 시켰다고 한다.
4) 화장터입구엔 아우슈비츠 집단수용소 소장 루돌프 회스〔Rudolf Franz Ferdinand Höß〕의 사형을 집행한 교수대가 서 있다.

줄무늬 죄수복
빡빡 깎은 머리
익숙하면서도 낯선 곳, 아우슈비츠
독가스에 빛바랜 회갈색 머리카락
타다 남은
브러시, 트렁크, 의수, 의족, 안경테…
사라진 숱한 영혼들을 대신하고 있다.

자신의 운명을 알면서도
당당한 모습을 잃지 않으려는 듯
잠든 조수아를 엎고
하는 말,
"우린 꿈을 주고 있는 거야"
당신이 나의 이름을 부르면
난 그곳에 없답니다.[5]

5) 영화 '인생은 아름다워[La vita è villa]'의 한 대목.

헐떡이는 거친 숨소리 속에서
누군가 석양빛을 훔치면서
외친다.
“세상이란 왜 이다지 아름다운지…”
하지만 저승에서도
이승의 한조각 아름다움을
펴볼 수 있을까?

인간이 어디까지 잔인해질 수 있나
아우슈비츠는 답하고 있다.

파리

뇌프〔Neuf〕, 미라보〔Mirabeau〕 다리 아래
사랑이 흐르고
센〔Seine〕강 바토 무슈[1]에 몸을 싣고
샴페인 한 잔에 샹송을 들으면서
이 나라 구국의 영웅[2]을 생각한다.

저 멀리 불꽃으로 수놓인
에펠탑〔Tour Eiffel〕을 바라보며
센 강변 젊은 카뮈들이
마로니에 숲에서 뭔가 속삭이고 있다

금방 무너져 내릴 듯
빛바랜 석벽,
포석(鋪石)이 깔린
몽마르트〔Montmartre〕 언덕엔

---

1) Bateau Mouches
2) 나폴레옹〔Napoleon Bonaparte〕·잔다르크〔Jeanne d'Arc〕·오를레앙의 소녀〔Maid of Orleans〕.

그 옛날 가난했던
고흐, 드가, 모딜리아니의 모습이
보이는 듯하다.

아직도 공사 중인 것만 같은 퐁피두센터[3)]
사르트르와 보부아르가 처음 만났던 소르본[4)]
모나리자가 미소 짓는 루브르〔Le Louvre〕
미라보, 루소, 위고, 졸라가 고이 잠든 팡테옹[5)]
인류의 속죄 노트르담 대성당 장미꽃 색유리
죽어서나마 나폴레옹이 지나간 별광장 개선문[6)]
오벨리스크가 솟아 있는 콩코르드 광장
장대하고도 화려한 태양왕의 베르사이유 궁전
이 모든 것이 한 권의 역사책 같다.

샹젤리제[7)]거리 휘황찬란한 리도〔LIDO〕 쇼에
파리의 밤은 깊어만 간다.

---

3) Centre G.Pompidou
4) La Sorbonne
5) Panthéon
6) L'Arc de Triomphe
7) Champs Elyseé

런던

봄 바람
여름 비
가을 낙엽
겨울 안개
하루가 사계절 같은 도시
템스〔Thames〕강 피어오르는 안개 속에
그 옛날 빅토리아 왕조의 영화를 더듬어 본다.

빨간 2층 버스
검게 글은 건물
녹색 공원
우중충한 날씨
오랜 역사와 전통이 숨 쉬는 도시
러니미드〔Runnymede〕에서
존 왕의 마그나카르타를 듣는 듯하다.

그레이프 푸르츠〔Grapefruit〕,
콘 플레이크스〔Corn Flakes〕,
베이컨 소시지에 구운 토마토로
서머싯 몸[1]의 말처럼
세 번 아침식사를 마치고
값싼 Fish and Chips에 허기진 배를 채우면서
검소와 절약의 미덕을 배운다.

런던의 뿌리 런던탑·웨스트민스터사원
인류의 유산 대영박물관
의회정치의 본산 국회의사당·빅벤 종소리
학문의 땅 옥스퍼드·케임브리지
달빛에 유난히도 환한 타워브리지에서
그 옛날 '태양이 지지 않는 나라'
이 영국을 다시금 생각한다.

1) William Somerset Maugham

라인강

베토벤의 웅대함과
슈베르트의 낭만 속에
지혜로운 삶을 누린 독일인
슬픔과 기쁨의 눈물로 가득한
마음의 고향 라인강

괴테가 마리안네 폰 빌레마[1]와 사랑을 나눈 곳
황혼에 비친 칙칙한 고성과 녹색의 언덕
조용한 거리의 붉은 벽돌집
젊은 학생들로 붐비는 목로주점에서
삶의 환희를 맛본다.

1) Marianne von Willemer

젊은 베르테르의 슬픔이 간직된 괴테의 집
정의의 여신2)이 서 있는 뢰머〔Romer〕 광장
탐관오리가 무서워 할 노란색 쥐탑〔Mauseturm〕
낙서투성이가 된 학생감금실〔Karzer〕
중세의 비밀이 감춰진 네카르〔Neckar〕계곡

고성과 깎아지른 포도밭이 물밑에 잠기고
로렐라이 언덕에선 애틋한 노래가 메아리칠 때
그 옛날 시인과 철학자들이 사색에 잠겼던
철학자의 길〔Philosophen weg〕에서
나도 한 번 명상에 잠기고 싶다.

(2003. 2. 8.)

---

2) 유스티치아〔Justitia〕

스위스

눈 덮인 알프스의 웅장한 자태
그 아래 파란 물빛[1)]
초원을 수놓은 이름 모를 풀꽃
하양, 파랑, 초록 3색이 어우러진
가히 세계의 공원답다.

하이디가 미소 짓고
에델바이스가 손짓하는 필라투스〔Pilatus〕
4인용 케이블카로 윤기 흐르는 초원을 지나
공중 케이블카를 타고 험준한 암벽을 오르니
여기가 바로 동화나라답다.

1) 초승달 모양의 취리히〔Zürich〕호

일백십 장의 삼각형 판화가
카펠목조다리[2])를 수놓고
팔각형 물탑[3]) 파수대는 간 데 없는데
루체른〔Luzern〕 로이스〔Reuss〕강 둑에서
값싼 초콜릿으로 입맛을 다신다.

종교개혁을 외치던 쯔빙글리〔Ulrich Zwingli〕와
'가난한 사람에게도 교육'을 외친 페스탈로치를 그리며
빈사상태 사자상〔Lowendenkmal〕 앞에서
그 옛날 아름답기 때문에 가난했던 나라를
다시금 생각해 본다.

---

2) Kapellbrucke : 유럽에서 가장 오래된 다리로 1333년에 완성되었으며 기와지붕이 있는 목조건물로 루체른의 상징이다. 길이가 200m에 달하며 지붕을 받치고 있는 기둥에는 모두 112장의 삼각형 널판지 그림이 걸려 있는데 당시의 중요한 사건이나 루체른 수호성인의 생애 등이 그려져 있다.

3) Wasserturm : 17세기의 화가 하인리히 베크만의 작품으로 카펠교 중간에는 팔각형 수탑이 있다. 이는 도시의 방위탑으로서 시민들에게 경종을 울리던 종각과 공문보관소 그리고 고문실로도 사용된 적이 있다.

비엔나[VIENNA]

오늘에서야
음악의 도시 빈에 왔습니다.
교향곡의 아버지 하이든
음악의 신동 모차르트〔Mozart〕
악성(樂聖) 베토벤〔Beethoven〕
가곡의 왕 슈베르트〔Schubert〕
그리고 요한 슈트라우스〔Johann strauss〕
클래식의 본향에 왔습니다.

도자기 지붕을 얹은
슈테판 대성당을 둘러봤습니다.[1]
마치 드라큐라 성을 보는 듯하군요.
시내 한복판은
돌바닥을 울리는 말굽소리가 요란합니다.
하지만 아무데서나 '실례'를 범해
그리 향기롭지만은 않습니다.

---

1) 남쪽 탑 137미터, 지붕엔 23만장 모자이크 기왓장.

여기는 쉰브룬〔Schön Brunne〕궁전입니다.
아름다운 샘물이 솟고 있습니다.
천장화(天障畵)가 장대한 무도회장
금실로 수놓은 황금방
백자로 만들어진 도자기방
합스부르크 왕가 최고의 여걸
마리아 테레지아도
여성임에는 틀림없었나 봅니다.
누가 비엔나를
40대 여성의 품을 연상시키는
원숙한 부드러움이 있다고 하였나요?
이제 이해할만 합니다.

시립공원에 잠시 들러
두 눈을 지그시 감고 바이올린을 켜고 있는
요한 슈트라우스의 황금상 앞에서
사진 한 장을 찍었습니다.2)

---

2) 이곳엔 꽃도 높은음자리표 형상으로 심어져 있었다.

저녁엔 호이리게〔Heurige〕 한잔을 걸쳤습니다.
아코디언을 든 악사들이 미소를 머금은 채
에델바이스에 이어
아리랑도 연주하는 군요
아무래도 팁을 주지 않을 수 없었습니다.
이렇게 빈의 밤은 저물어 갑니다.

커피향과 와인향이 그윽한
비엔나에
진작 비엔나커피는 없었습니다.
따뜻한 멜랑제〔Melange〕 한 잔에
달콤한 케이크 한 조각
바이올린 선율에
호이리게가 생각나면
다시 비엔나를 찾겠습니다.

톨레도[Toledo]

타호강〔RIO TAJO〕에 둘러싸여
골목길로 엉킨 채
옹기종기 모여 사는
마을, 톨레도

마을 전체가
엘 그레코〔El Greco〕 혼이[1)]
살아 숨쉬는
유적지, 톨레도

눈이 똥그래지고
탄성이 저절로 나며
발이 떨어지지 않는[2)]
중세 타임캡슐, 톨레도

(1996. 12. 24.)

1) 산토 토메 교회〔Iglesia de Santo Tome〕에는 엘그레코의 걸작「오르가스 백작의 매장 : Entierro del Conde de Orgaz」이 전시되어 있고, 엘그레코의 집〔Cassa y Museo del Greco〕이 있다.
2) 성병현치대〔聖餠顯置台 : GUSTODIA〕, 황금성서 등이 있는 대사원〔SANTA IGLESIA CATEDRAL PRIMADA〕.

12월의 마드리드[MADRID]

프에르타 델 솔[1] 마요르 광장〔Plaza Mayor〕
스페인 광장〔Plaza de Espanã〕 그란 비아〔Gran Via〕
어디를 가도 가도
색색 조명만이 현란할 뿐
마드리드에서 맞는
고요한 밤
크리스마스이브

오! 거룩한 밤
Feliz Navidad!

1) Puerta del sol : 태양의 문

투우장마저 문 닫은 지 오래라
뜨거운 피 뵈지 않고
어디를 가나
돈키호테〔Don Quixote〕처럼
가슴이 뜨거운 사람들을
만날 것만 같은
정열의 나라, 스페인

(1996. 12. 23~25.)

칸느[Cannes]

꽃 피는 5월에는
밝은 태양아래
금세기 스타들이
한껏 멋을 부리겠지 ……

(1996. 12. 29.)

발렌시아[VALENCIA]

인적 끊긴 겨울바다
엘 살레르〔El Saler〕 해안에서
아이들과 흰 모래를 날리고 나
세라노탑[1),]미겔레테탑[2)]에 오르니
다리는 아프지만
온 시가지가 한 눈에 들어온다.

장엄한 대사원에는
그리스도의 최후의 만찬 잔이 있는가 하면
순교자의 잘린 손도 있었다.[3)]
레이나 광장〔Plaza de la Reina〕 벤치에 앉아
어렴풋이나마
집시여인의 추억을 되새겨 본다.[4)]

(1996. 12. 26.)

---

1) Torre de la Serrano
2) Torre de la Miguelete
3) An Vicente Martir. AD 304년.
4) 헤밍웨이의 "누구를 위하여 종은 울리나"에 집시여자가 발렌시아의 추억을 열심히 이야기 하는 부분이 있다.

바르셀로나[Barcelona]

람브라스〔Ramblas〕 거리
꽃집, 책방을 기웃거리다
카나레타스 샘물을 마시니[1]
언제 다시 바르셀로나에 오려나…

산타마리아호를 타고
신세계를 발견하고서도
바다만 바라보고 서있는 콜럼버스는[2]
아직도 그 무엇이 아쉬운지

---

1) 람블라스〔Ramblas〕 거리 입구에 있는 카나레타스 샘 이 곳의 물을 마시면 바르셀로나로 다시 올 수 있다고 한다.
2) 콜럼버스탑〔Monument a Colom〕

살아 움직이는 아기예수를
탄생의 문이 삼켜버릴 것만 같은
돌로 된 성서 성가족교회〔SAGRADA FAMILIA〕는[3)]
기묘하다 못해 조금은 이상야릇하다.

여인과 달과 기러기가 어우러진[4)]
몬쥬이크〔Montjuich〕 언덕에선
황영조의 숨찬 소리가[5)]
어렴풋이 들리는 듯하구나.

(1996. 12. 27.)

3) 건축시인 안토니 가우디〔Antoni Gaudi i Coruet〕의 작품.
4) 미로 미술관〔Jundacio Joan Miro〕
5) 1992년 바르셀로나 올림픽에서 우리나라의 황영조선수가 마라톤에서 금메달을 땄는데 아직도 그때 그어놓은 청색선이 군데군데 남아 있었다.

마르세이유[MARSEILLE]

Il fait froid!
Il fait très froid![1]

몽테크리스토 백작이
소설을 들고 줄행랑친
이프성〔Le château d'if〕 빈 감방에[2]
칠흑같은 어둠이 깔리니

어디가 하늘이요
어디가 바다요

1) 아이 춥다, 아이고 춥다.
2) Alexandre Dumas의 소설 Le Comte de Monte-Cristo의 배경이 되었다고 한다.

저 높이 솟아
노트르담 드 라 가르드 언덕 위
금빛 찬란한 성모마리아가3)
밤바다를 밝혀 주누나.

(1996. 12. 28.)

3) La Basilique de Notre Dame de la Garde

니스[Nice]

활모양 푸른빛 해안〔Côte d´azur〕엔
하이얀 호화 주택들이,

마세나〔Masséna〕 광장 분수 불빛 아랜
손에 손을 잡은 연인들이,

향수마을 그라스〔Grasse〕엔
장미향에 취한 짜라투슈트라가,[1)]

… … … … … …
!그렇게 말했나 보다!

(1996. 12. 29.~30.)

1) Frederic Nietzsche가 Eze Sur Mer에서 「짜라투슈트라는 이렇게 말했다」의 영감을 얻었다고 한다.

모나코, 몬테카를로[Manaco, Monte Carlo][1)]

하늘〔Le Ciel〕,
바다〔La Mer〕,
땅〔La Terre〕,
온통 푸른빛 나라

내기,
도박,
카지노에 돈 잃어
세금없는 나라

그레이스 켈리〔Grace Kelly〕,
캐롤라인,
스테파니〔Stephanie〕로 이어지는
스캔들 왕국

(1996. 12. 30.)

---

1) 모나코는 1297. 1. 8. 프랑수아 그리말디에 의하여 평정된 뒤 레니에 3세가 1953년부터 현재에 이르고 있으며, 면적은 1.95㎢, 1996년도 관광객이 400만 명에 이르는 미니국가이다.

로마[ROME]

아모레〔Amore〕[1)]
칸타레〔Cantare〕[2)]
만자레〔Mangiare〕[3)]
이태리로 낭만여행을 떠나요

교황을 알현하지 못한 채
바티칸 궁전을 나서
트레비〔Trevi〕 분수에 동전을
한번 던졌다[4)]
붉게 물든 저녁놀을 바라보며
진실의 입에서
'로마의 휴일'을 즐긴다.

---

1) 사랑하다.
2) 노래하다.
3) 먹다.
4) 트레비는 3을 뜻하는데, 트레비 분수에 동전을 던질 때의 의미는 첫번째는 로마로 다시 돌아올 수 있다는 의미이고, 두 번째는 원하는 사랑을 이룰 수 있다는 의미이며, 세 번째는 사랑하는 사람과 이혼한다는 의미가 들어있다고 한다.

죽음의 세계 카타콤베〔Catacombes〕[5)]
영원의 도시 포로 로마노〔Foro Romano〕
그 누가 말했던가?
'모든 길은 로마로 통한다'고

5) 지하공동묘지

피사[PISA]

피사에 가던 날
60년만의 혹한 속에
흰 눈을 맞았다.
피사로 가는 길은
지중해 절벽 위
길고 짧은 굴의 연속이었다.

피사에 가보니
기울어진 종루[1]에
흔들대는 갈릴레오 램프가 있었다.[2]
사탑을 바라보던 난
언제 넘어질지 몰라
평형감감을 잃고 말았다.[3]

(1996. 12. 30.~31.)

---

1) Torre Prendente(사탑)
2) 로마네스크 양식의 최고 걸작인 Duomo 설교단 천정에 매달린 청동램프로, 갈릴레오가 이 흔들리는 램프를 보고 진자의 법칙을 발견했다고 한다.
3) 갈릴레오가 사탑의 꼭대기에서 중력의 법칙을 실험했다고 한다.

피렌체[FIRENZE]

아페닌〔Apenninus〕산맥 경사진 들판에
메디치 家가
르네상스 꽃을 피워,
흰색, 녹색, 분홍색 꽃 성당1)
천국의 문이2)
장엄하고 호화롭게 빛날 때,
미켈란젤로, 마키아벨리, 롯시니가 잠든 사이
가브리엘 천사가
수태(受胎)를 알리네.3)

(1997. 1. 1.)

---

1) 산타마리아 델 피오레〔Santa Maria del Fiore ; 성모마리아 꽃성당〕는 흰색 카라라, 녹색 프라토〔Prato〕, 분홍색 마템마의 천연대리석으로 이루어져 있다.

2) 세례당 동문은 기베르티에 의한 구약성서 이야기가 조각되어 있는데, 미켈란젤로가 천국의 문이라고 이름 붙였다고 한다.

3) 산타크로체성당〔Basilica di Santa Croce : 성십자가 성당〕에는 미켈란젤로, 마키아벨리, 롯시니의 묘비가 있고, 기독교에서 천사가브리엘이 성령에 의한 회임을 마리아에게 알려주는 내용의 도나텔로의 受胎告知 금색 부조〔relief〕가 있다.

바티칸시국

바티칸 시국은,
가장 작지만
가장 힘센 나라

성베드로대성당은,
가톨릭의 본산이자
세계인의 영혼

바티칸 궁전은,
그리스도 역사이면서
온 인류의 재산

(1997. 1. 2.)

나폴리

그 어느 날
폼페이를 삼켜버린 베수비오〔Vesuvio〕산을 등에 지고
바람 한 점 없는 회백색 하늘 아래
감청색 바다를 바라보노라면
이 가슴은 뛴다.

과연 여기가
사랑
인생
예술
그리고 죽음을 말할 수 있는 곳이로구나!

O, Sole Mio!

(1993. 2. 7.)

프라하[PRAGUE]

프라하 봄이 피어난
바츨라프〔Vaclavske〕 광장
이곳에서만은
'진실을 사랑하고
진실만을 말하고
진실을 행하라'1)

카를〔Karluv〕교 너머
찬연한 프라하성〔PRAZSKY HRAD〕2)
허리 굽은
황금소로〔Zlata Ulicka〕 연금술사
눈먼 수학교수
천문시계탑3)을 만들다

1) JAN HUS의 말.
2) 9세기 초 로마네스크, 14세기 고딕, 16세기 르네상스, 18세기 바로크의 건축양식을 집대성한 건축박물관.
3) 구시가 광장〔STARE MESTRO〕에 있는데, 1시간마다 문이 열리면서 그리스도 12제자들이 돌아가면서 인사를 나눈다.

중세건물 사이로
음악은 흐르고,[4)]
　나의조국[5)]
　신세계 교향곡[6)]
　돈 조바니〔Don Giovanni〕[7)]
카를교 한가운데 난간
금속판 십자가에
손을 얹고
'소원성취'를 빌어 본다.

도시의 어머니〔The Mother of Towns〕,
황금의 도시〔The Golden City〕,
백탑(白塔)의 도시〔The City of a Hundred Spires〕,
유럽의 심장〔The Heart of Europe〕,
북쪽의 로마[8)]

어떤 말로도 프라하를 묘사할 순 없었다.
자유·낭만·정열의 도시, 프라하
Prague is beautiful.

---

4) 유럽인들은 말한다. "그가 만일 체코인이라면 그는 음악가일 것이다(If he's Czech, he's a musician.)"이라고.
5) 체코 음악의 아버지 스메타나〔Bedrich Smetana〕.
6) 스메타나, 야나체크〔Leos Janacek〕함께 체코 3대 작곡가의 한사람인 드보르자크〔Antonin Dvorak〕.
7) 모차르트〔Wolfgan Amadeus Mozart〕
8) 로댕의 말.

세고비아[SEGOVIA]

세고비아의 물줄기
로마 수로교〔Agueducto Romano〕에
로마인의 피가 흐르는 듯 하고,
우아한 자태의 알카사르〔Alcazar〕성에선
백설 공주가 금방이라도
뛰어나올 것만 같다.

(1996. 12. 25.)

산 마리노[San Marino]

하얀 나라
푸른 나라로
우편여행을 떠나보자

자유〔LIBERTAS〕 나라
철옹성(鐵瓮城)[1] 으로
역사여행을 떠나보자

(1996. 12. 30.~31.)

1) 9개의 성〔Castles〕과 3개의 망대〔Turret〕가 있다.

소금의 성 잘츠부르크[SALZBURG] & 잘츠캄머구트[SALZKAMMERGUT]

알프스 산자락
어디선가
일곱 애들이 뛰쳐나올 것만 같고,
도레미송이 들릴 것만 같다.
　줄리 앤드루스〔Julie Andrews〕가 아이들을 가르치던
　베네딕트 컨벤션 뉘른베르크〔Nuernberg〕
　바론 본 패밀리가 에델바이스를 부르던
　로키 라이딩 스쿨
　천진난만하게 물놀이하던
　몬제 세인트 길겐〔Mondsee St. Gilgen〕 호수[1)]

---

1) 사운드 오브 뮤직

진한 노랑 모차르트 생가
갖가지 문양으로 손님을 끌어 모으는
게트라이데 거리〔Getreide Gasse〕 간판
암벽초가 호헨잘츠부르크성〔Festung Hohensalzburg〕
살로메를 위한 미라벨궁전〔Mirabell Garden〕[2)]
육천 개 파이프 오르간이
감미로운 음악을 선사하는 성피터〔St. Peter〕교회
여기가 작은 로마 잘츠부르크

그 흔하디흔한
모차르트 초코레트 하나
먹어보지 못하고
발길을 돌렸다.

---

2) 디트니 대주교가 연인 살로메를 위해 지었다 한다.

체스키크롬로프[ČESKÝ KRUMLOV]

하회마을을 떠다 놓은 듯
S자로 도시를 감싸 안은
블타바〔Vltava〕 강변으로
중세로의
시간여행을 떠나보자.

보헤미안 랩소디〔Bohemian Rhapsody〕[1])를 절규하며
푸른 초원을 달려보기도 하고
헨젤〔Hänsel〕과 그레텔〔Gretel〕이 나오는
동화 속을 기웃거리기도 하고
자유와 방랑의 땅에서
나그네가 되기도 한다.

---

1) '아무것도 의미없어, 아무것도 의미없어…어쨌거나 바람은 불고 있지'라는 속삭임으로 끝나는 그룹 퀸의 Freddie Mercury가 부르던 노래.

끝없이 펼쳐진 파란 하늘
쏟아져 내리는 하얀 햇살
멀리 아스라이 펼쳐진 박공지붕[2] 행렬
시간이 멈춘 것만 같은
아름다운 정취에 푹 빠져보자.

잰 걸음으로 휙 스쳐 지나가는 것이
못내 아쉽기만 하다.
부드바〔Budbar〕[3] 한잔도 마시지 못하고…

---

2) Gables of House라고 하는데 Gable은 八자모양의 두꺼운 널이 있는 지붕을 말한다.

3) 쌉쌀하고 칼칼한 체코맥주 부드바를 미국에서 가공한 것이 버드와이저이다.

부다페스트(BUDAPEST)

건축박물관 부다페스트로
건축 여행을 떠나자.
  바로크식 에스텔
  네오로마네스크식 어부의 요새
  네오클래식 국립박물관[1)]
  르네상스식 국립오페라극장
  네오고딕식 마챠시〔Mathias〕교회·국회의사당

다뉴브〔Danube〕강
아름다운 잔물결에
란치디〔Lanchid〕 다리[2)]
불빛은 빛나고
바이올린 선율에
리스트 헝가리 광시곡[3)]을 들으면서
집시 고향노래에 취해보자.

---

1) 15세기 후반 마챠시 왕 통치하에서 전성기를 누렸던 왕궁〔Bda Castle : Budaivar〕.
2) 19세기 민족운동의 선봉자 세체니〔Széchenyi〕에 의해 부다와 페스트가 합병되었는데 두 지역을 잇는 375미터의 돌다리 현수교.
3) Franz Liszt가 1867년 오스트리아 왕 프란츠 조세프〔Franz Josef〕와 그의 아내 엘리자베스가 헝가리 왕관을 쓰던 모습을 표현한 헝가리언 대관식〔Hungarian Coronation Mass〕.

자유 평등의 외침이
살아 숨 쉬는
영웅광장〔Hosok Tere〕
소녀는 간데없고[4)]
가브리엘 천사가
날개 짓 한다.

이제
부다페스트는
어두웠던 과거를 뒤로 한 채[5)]
개방화 유로화 이후
동유럽의 파리로
영원할 지어다.

---

4) 김춘수의 시 '부다페스트에서의 소녀의 죽음'.
5) 제2차 세계대전 중 헝가리에 남아있던 독일군이 마지막으로 소련군과 결전을 치렀던 겔레르트〔Gellért〕언덕의 치타델라〔Citadella〕성.

크라코프[KRACOW][1]

묵직한 나무문
희미한 불빛
거친 벽을 내려가면
광원들 땀이 빗은
땅속 800리
전설의 소금나라[2]
성 킹가 대성당[3]
발코니
벌집문양 바닥타일
샹들리에
눈에 보이는 모두가 짜다.

---

1) 폴란드에는 용의 동굴전설(바벨언덕의 한 동굴에는 용 한마리가 살았는데 이 용이 마을에 있는 처녀들을 잡아먹어 날이면 날마다 두려움에 떨고 있다는 마을 사람들의 이야기를 듣고 한 청년이 양에 송진을 발라놓고 용이 양을 먹을 때 불을 붙여 죽였다는 전설. 이 전설 속의 용은 그 당시 약탈을 일삼던 타르타르족을 상징한다.)이 전해오는데, 1978년 유네스코가 유럽 최초 세계문화유산의 유적지로 선정된 곳이다.

2) 나무계단 378개를 밟고 내려가면 지하 64미터에 유네스코 세계문화유산 제1호 비엘리치카 소금광산[Wieliczka Salt Mines]이 있다.

3) Kopalnia soli Wieliczka(The Chapel of Blessed Kinga) : 지하 101미터에 위치하고 있고 상들리에는 순도 99.9%의 투명한 크리스털 소금으로 만들어졌다고 한다. 성당의 모든 것은 세 사람의 광원이 65년에 걸쳐 만들었다고 한다.

굽이쳐 흐르는 비수아〔WISTA〕 강가
바벨〔WAWEL〕성
그 주인들이 고이 잠든 중앙엔
은으로 된 묘지가
죽은 넋의 누명을 벗겨주고 있누나[4)]

교회탑에서 흘러나오는 트럼펫소리[5)]
빗줄기 속에서도
아랑곳하지 않고
연주에 몰두하는 거리악사
나그네 마음을 달래 주누나.

중세 학생
코페르니쿠스가
소금광산에서[6)]
쌩뚱맞게도
왜 '지구는 둥글다' 했을까

4) 대성당 중앙에는 은으로 된 성 스타니슬라프의 무덤이 있다. 억울하게 반역죄의 누명을 쓰고 죽은 성인을 기원하기 위해 세워진 것이다.
5) 성마리아 성당
6) 지동설의 창시자인 코페르니쿠스가 1493년 소금광산을 방문했고, 이곳에는 그가 지구 모형을 한손에 들고 있는 형상의 조각품이 있다.

아테네

지중해 푸른 물결
흰색 대리석 건물
이글거리는 햇살
매혹의 나라, 그리스

그리스 어딜 가나
아테나[1]가 심었다는
녹회색 올리브나무가
뒤덮고 있다.

바다와 구릉에 갇힌
거대한 함선
어제와 오늘이 공존하는
신화의 도시, 아테네

---

1) 아테네 최초의 왕 케크롭스의 마음을 사로잡기 위해 바다의 신 포세이돈은 샘에서 소금물이 솟아나오도록 하고 아테나는 올리브나무 한 그루를 자라게 했다는 전설이 있다.

아테네인들은
예배를 마친 후
아크로폴리스〔Acropolis〕에 모여
정치토론은 벌리곤 한다.

아고라에서 소크라테스도
대화를 즐기다보니
젊은이들을 현혹시켰다는 죄로
독배를 마시지 않았던가!

헌법광장 신타그마〔Sintagma〕광장[2)]
자유위해 목숨 바친 무명용사무덤
근위병이 지키고 있다.
한국전쟁의 영혼도 잠들고 있겠지

---

2) 오토 1세가 1843년 최초의 그리스헌법을 공표한 곳으로 그리스어로 헌법이라는 신타그마라는 이름이 붙여졌다고 한다.

커다랗고 무거운 돌을
마치 엿가락 늘이듯
민초들은 얼마나 많은
땀과 눈물을 흘렸을까

세계문화유산 제1호
고대 그리스의 영광
파르테논〔Parthenon〕신전
아름드리 기둥만이 남았네.[3)]

인류가 전쟁만은 말아야 할 이유가
여기에 있다.
신들은 떠나고
인간들만 남았다.

---

3) 1687년 당시 터키군이 탄약고로 사용하던 중 베네치아의 폭격으로 지붕이 날아갔다고 한다.

지중해 유혹에
에게해[4] 크루즈에 몸을 싣고
지중해문화의 보고
에기나 섬에 가다.

넥타리오스〔Nεktapios〕 심장이[5]
아파이아신전[6] 피스타치오 깨무는 소리에 놀라고
……추억을 간직하고파
빨간 단풍잎 하나를 가져왔다.

(2008. 10. 16.~17.)

---

4) 아테네왕 에게가 자신의 아들이 미노타우로스에게 잡혀 먹었다고 믿고 바다에 투신하였다고 하여 붙여진 이름.

5) 에기나섬〔Egina Island〕에 있는 아기오스 넥타리오스교회〔Agios Nektarios cathedral〕에 매장된 관에 귀를 대면 심장박동소리가 들린다고 하여 여행객들이 귀를 대느라고 바쁘다.

6) 아파이아〔Apaias〕신전 : 에기나섬 산정(山頂)에 세운 도리아식 신전.

黑의 大陸 - 아프리카

〔이집트 기자〕

룩소르에서 카이로[1]

1. 룩소르〔Luxor〕

파라오〔Pharaoh〕들이 영면에서 깨어나
밤마다 RA와 함께 여행을 떠나듯[2]
생과 사가 공존하는 곳
이젠 무덤에서 명소로[3]

저승사자 오시리스〔Osiris〕가
죽은 자의 심장무게를 저울질하네.[4]
3000년 전이나 지금이나
천국에 가긴 어려웠나 보다

세간의 입방아가 무서웠을까
수염까지 단 그녀

---

1) 카이로에서 새벽비행기로 룩소르에 갔다가 한밤중에 다시 카이로로 돌아오는 피곤한 여정이다.

2) 태양신 Ra는 낮에는 거룻배를 타고 하늘을 돌아다니다가 밤에는 여신의 몸을 거처 이튿날 아침 재생한다고 믿어졌다.

3) Valley of the Kings

4) Maat(진리와 정의를 상징하는 이집트 여신)는 머리 위에 깃털 하나를 꽂고 있는데, 죽은 자의 심장을 꺼내어 저울에 달아볼 때 깃털보다 심장이 무거운지 가벼운지에 따라 그 사람의 생전의 죄과를 알아볼 수 있다고 한다.

그녀가 일군 꽃나무 흔적은 역역한데[5]
그녀 모습은 정에 맞아 알아볼 수가 없네.

멤논〔Memnon〕의 거상
더 이상 소리는 들리지 않고
그 위용 간데없이
흉물스럽기 그지없다.

파라오들이 풍년을 기원하며
나일강 홍수를 빌었던
카르나크〔Karnak〕신전과 룩소르신전
양머리 스핑크스들이 지키고 있다.[6]

3000년 전 인류의 과거가
세월의 무게에도 아랑곳 하지 않고
신께 충성을 맹세하며
부활을 꿈꾸고 있다.

---

5) 하쳅수트여왕이 시아버지인 투트모스〔Tuthmosis〕1세와 자신의 부활을 기리며 건립한 하쳅수트〔Hatshepsut〕 장제전(葬祭殿 : 왕의 미라를 만들고 장례를 치르던 곳)에는 Hatshepsut's Tree가 보존되어 있다.

6) 양머리는 아몬〔Amun〕신을 상징한다.

여긴 연꽃이 만개하고
저긴 꽃봉오리를 뽐낸 채
늘어선 열주의 모습은
장관 그 자체다.

하나는 뜨는 해 쇠똥구리
다른 하나는 지는 해 양머리 인간[7)]
하늘에 가깝게 닿고자하는 욕망은
오늘날 우리와 다르지 않았나 보다

어스름한 밤하늘 조명이 비추니
가슴 한 구석이 허전하다
신전 한 켠에 앉아 맥주 마시며
고대왕국 얘길 들을 수만 있다면…인샬라〔Inch'Alla〕[8)]

(2008. 10. 18.)

---

7) 오벨리스크는 2개가 세워져 있는 데 하나는 뜨는 해를, 다른 하나는 지는 해를 상징한다고 한다. 그리고 왕의 무덤 속 그림을 보면 태양원반에 왼쪽에 쇠똥구리가, 오른 쪽에 양머리를 한 남자가 그려져 있다. 태양의 신 Ra의 아들로 여겨지는 쇠똥구리〔Scarab Khepri〕가 동그란 쇠똥을 굴리는 모양이 태양을 굴리는 모습으로 보았다.

8) 신이 원하신다면.

2. 피라미드와 스핑크스

차창으로 다가온 피라미드가
신비로움을 단숨에 앗아갔다.
하도 많이 사진도 보고 들어서 일까?
막상 현장에 서니 실망이 앞선다.
그래도 피라미드와 첫 대면은 감동이다.
2000년 전 헤로도토스도
나처럼 쿠푸왕 피라미드[9]를 찾았다.
클레오파트라의 연인 안토니우스는
피라미드의 꼭대기까지 올라갔다.
나폴레옹은 아예 피라미드 안에서 하룻밤을 유숙했다.
나는 1달러주고 피라미드 안에 들어가 사진 한 장을 찍었다.

---

9) 쿠푸왕 피라미드〔Khufu's Pyramid〕:이집트 고왕조 쿠푸(재위 BC 2589?~BC 2566)가 자신의 무덤으로 세웠다. 세계 최대의 건축물이자 세계 7대 불가사의로 손꼽히는데, 높이 147m로 지어졌으나 꼭대기 부분이 파손되어 현재 높이는 137m이다. 밑변 230m, 평균무게 2.5t의 석재 230만 개를 사용해 220개 층으로 정교하게 쌓아 올려 만들어졌다.

아침에 네발, 낮에는 두발, 밤에는 세발
머리는 사람, 몸통은 사자[10]
누구 짓인지 알 순 없지만[11]
코와 수염이 떨어져나간 스핑크스를 보고 있자니
공포심은커녕 측은하기만 하다.[12]
빛과 소리에 실린
'사운드 앤드 라이트' 쇼를
보지 못한 게 못내 아쉽다.

---

10) 인간의 지혜와 사자의 힘을 상징한다고 한다.
11) 19세기 터키 병사들이 원시대포를 발사하는 과녁으로 사용하여 코와 턱수염이 사라져 버렸다고도 하고, 날씨 변화와 비바람으로 인해 떨어져나갔다고도 하며, 간혹 나폴레옹의 군대가 했다는 다양한 설이 있다.
12) 아부후리다라고 하여 공포의 아버지란 뜻을 가지고 있다.

3. 카이로

이집트문명의 집대성
투탕카멘〔Tutankhamun〕 황금마스크
어딜 가나 람세스〔Ramses〕2세가
자신의 권력을 과시하고 있다.[13]

위대한 왕 아래
압제에 못 이겨
노예들을 데리고
모세가 이집트를 탈출했는지 모르겠다.[14]

히잡〔hijab〕 두른 여인네는
어깨위에 아이를 무등태우고
당나귀 타고 집으로 가는
부자(父子)의 뒷모습은 한가롭기만 하다.

13) 람세스 2세 거상
14) 모세가 출애급 하기 전 기도하던 모세기념 유대교회당〔Ben Ezra〕이 있다.

12제자가 기둥으로 화신(化身)한
아기예수 피난교회[15)]
이슬람과 기독교가 공생·공존하는 곳
누가 무슬림을 테러리스트라고 했는가?

나일강 디너 크루즈 선상
밸리댄스, 수피댄스〔Sufi whirling〕[16)]에 빠져드는 사이
나일의 밤은 깊어만 가고
아미르〔Amir〕향유에 취해만 간다.

(2008. 10. 19.~20.)

---

15) 아기예수 피난교회는 요셉이 아기 예수를 데리고 이집트로 피난 갔을 때 수 개월 머문 곳으로 지금도 교회 지하 제단에는 이를 기념하여 성 가족〔Holy family〕의 피신장소가 마련되어 있다. 교회 이름은 Saint Sergius Church인데, 맥시미안 황제의 기독교 박해 때에 순교한 세르기우스〔Sergius〕를 기념하여 붙여졌으며 이집트에서 가장 오래된 교회이다.

16) 이집트 전통 춤으로 원래는 이슬람 종교 의식 중 하나이다. 춤이 시작되면 30~40분간 계속 한자리에서 도는데 점점 회전의 속도가 붙는다. 이 같은 고통스러운 동작은 무용수가 신과의 영적인 교감 상태에 도달하기 위해 죽음의 세계로 들어가는 과정이며 그 속에서 신과 교감하는 황홀경을 느끼게 된다고 한다.

赤의 大陸 - 아메리카

〔미국 뉴욕〕

LA

눈부신 태양으로
정열이 넘치는
산타모니카 해변을 거닐다
레드카페를 밟다.
어린아이에서 노인까지
누구나 즐거운 곳
그 꿈은 이루어진다.[1]

운치있는 정원 속에서
근·현대 미술품을 즐기다가[2]
스타들 손바닥에
내손을 대보기도 한다.[3]
코리아타운이 있어
우리에겐 더욱 친숙하다.
하늘만큼 맘도 맑아진다.

(2006. 12. 28~29.)

---

1) 디즈니랜드[Disneyland]-Dreams come true.
2) The Getty Center-dramatic architecture, tranquil gardens, breathtaking views
3) WALK of FAME

샌프란시스코에 오면 머리에 꽂을 꽂으세요[1]

모래바람 씽씽
버려진 은둔 땅에
금나들이 시작되면서
캘리포니아 드림은 영글었네.

황혼 무렵 물안개 사이로
뱃고동 울리며
금문교 밑을 지날 때
환상여행은 시작되네.

차이나타운에서
삶의 냄새를 맡고
알 카포네〔Alphonse Gabriel Capone〕 독방에서[2]
자유를 만끽하네.

1) Mamas & Papas의 노래.
2) Alcatraz 섬

땅으로 기는 케이블카
마천루의 다운타운 물결
게이들의 무지개 깃발
날마다 새로이 태어나네.

작은 것이 아름답다.
복잡해도 좋다.
하지만 난 이내
등을 돌리지 않을 수 없었다.[3)]

(1996. 8. 31.)

3) EXPLORATORIUM의 등 돌린 비너스 상.

라스베가스[LASVEGAS][1)]

일확천금 꿈을 안고
한증막 같은
죽음의 계곡〔Death Valley〕을 건너온
전설적 갱 벅시〔Bugsy〕는,
폭염과 황량한
모하비 사막 한가운데
네온 빛 불야성
도박의 메카를 건설하다.

휘황찬란한 야경에
흠뻑 빠져들었다.
슬롯머신〔Slot Machine〕
돈 떨어지는 소리가
온 밤을 깨운다.
딜러의 카드 손놀림
손님의 포커페이스〔Pokerface〕
喜悲 쌍곡선이 엇갈린다.

---

1) 초원이라는 뜻.

푸른 하늘에
구름이 떠다니는
천정벽화의 씨저궁전〔Caesars Palace〕에서
클레오파트라와 포즈를 취하고,
요술궁전 동화나라
꿈길을 걸을 때[2)]
화산이 터지고[3)]
이윽고 폭포 되어 흐른다.

(1996. 8. 28.)

---

2) Excalibur Hotel
3) Mirage Hotel

요세미티 국립공원

시에라네바다
톱니바퀴 중앙
요세미티〔Yosemite〕 壯觀일세.

한쪽엔 하프 돔〔Half Dome〕
다른 한쪽엔 엘 캐피탄〔El Capitan〕
하늘을 찌르네.

요세미티 폭포 부서져 내리고
면사포〔Bridal Veil〕 폭포
물보라 쳐 오르네.

새소리 정겹고
아름드리나무 향에
절로 취하네.

암벽, 바람, 빛, 물 어우러져
시시각각 변화무쌍
파노라마 연출하네.[1)]

대자연의 신비를 간직한 채
21세기에는
깊은 잠을 잔다네.

(1996. 8. 30.)

---

1) Yosemite{fall} comes to us as an endless revelation - John Muir While you watch, the rock, wind, light, water create high drama on an ever-changing stage.

그랜드 캐니언[Grand Canyon]

빙하시대 이래
콜로라도〔Colorado〕 강에
뜨고 지던 태양이
지고 뜨던 달이
곱게 물들인
붉은 대협곡

아 !
여기가
우리 인류의 본향인가 !
웅장한 경관에 파묻혀
태초의 자연 속으로 들어간 나는
할 말을 잊었다 ………

(1996. 8. 28.)

나이아가라 폭포[Niagara Falls][1)]

레인보우〔RAINBOW〕다리 차창 너머
나이아가라의 밤은,
하얀, 빨강, 주황, 초록 ……
빛의 향연이요.

미스트〔MIST〕호[2)] 물벼락 속
나이아가라의 낮은,
물보라, 물천둥, 무지개 ……
물의 축제이구려.

It's breathtaking spectacle.
There's Magic in the Mist.

(1997. 7. 28.~29.)

1) 나이아가라폭포는 염소섬〔GOAT ISLAND〕 주위로 캐나다폭포(일명 말굽폭포 ; HORSESHOE FALLS)와 미국폭포로 나뉘어져 있다.
2) Maid of the Mist Boat

워싱턴 D. C.

옷 속을 파고드는 추위를 달래며
사랑〔Potomac〕의 강을 건너
알링턴〔Arlington〕 묘지에 오르니,
꺼지지 않는 불과
얼지 않고 흐르는 물이
케네디가를 지키고 있었다.

몰〔Mall〕1) 한복판엔
워싱턴 기념탑2)이 우뚝 서 있고,
두 개의 웃음을 머금은 링컨은
가장 높은 국회의사당을 굽어보고,
제퍼슨은 묵묵히 서서
가장 낮은 백악관을 지켜보고 있었다.

---

1) Constitution과 Independence Ave. 사이 국회의사당과 링컨기념관 사이를 둘러싼 사각형의 공간을 Mall이라고 함.
2) 169m 높이의 세계 제일 석조건물(1885년 완성).

라이트 형제에서 디스커버리호까지
인간이 하늘을 나는
꿈의 전시장 항공우주 박물관,[3]
눈이 부시게 빛을 발하는
세계 최대 다이아몬드를[4]
아프리카 코끼리[5]가 우직하게 지키고 있었다.[6]

맑고 푸른 하늘 아래
백악관 앞 라피엣〔Lafayette〕공원에서는
비가 오나 눈이 오나
외로이 반핵운동을 벌이는
한 아줌마[7]가 있었다.
허나 클린턴의 모습은 끝내 보이지 않았다.

(1994. 12. 31.)

---

3) National Air and Space Museum
4) 일명 Hope Diamond로 45.5캐럿의 세계최대 다이아몬드.
5) 세계최대의 아프리카 코끼리 박제.
6) National Museum of Natural History.
7) 50세의 스페인 출신 피시노토 콘셉션.

뉴욕 뉴욕

뉴욕에는
마천루 정글이 있는가 하면
오아시스가 있고,
할렘이 있는가 하면
뮤지컬과 재즈도 있다.

왼손엔 독립선언서를
오른손엔 횃불을 치켜든 채
자유의 여신상은
환하게 웃고 있다.
이 나라에 희망을
온 세계에 자애를

서서히
맨해튼〔Manhattan〕에
황혼이 내리니
뉴욕은 황홀한
밤무대를 연출한다.
많은 이들이
화려한 외출을 한다.

(1994. 12. 29.~30.)

다시 찾은 뉴욕[NEW YORK]

뉴욕하면 자유의 여신상〔Statue of the Liberty〕
그만큼 뉴욕은 자유의 도시

뉴욕하면 엠파이어스테이트〔Empire State〕빌딩
그만큼 뉴욕은 비즈니스의 메카

뉴욕하면 유엔빌딩
그만큼 뉴욕은 평화의 도시

뉴욕하면 브로드웨이〔BROADWAY〕
그만큼 뉴욕은 뮤지컬의 메카

뉴욕하면 센트럴파크〔Central Park〕
그만큼 뉴욕은 쉼터의 도시

뉴욕하면 낙서투성이 SOHO[1)]
그만큼 뉴욕은 젊음의 메카

뉴욕에는 없는 게 없다
그래서 뉴욕을 알면 세상이 보인다나.

(1997. 8. 1.)

1) South of Houston 의 약자.

토론토[TORONTO]

온타리오 하버프론트는
해변인지 호수인지
물의 도시, 토론토

하늘을 찌르는 CN타워[1)]
개폐형 지붕 스카이돔[2)]
공간의 도시, 토론토

나이아가라 폭포를 찾는 이들로
인종의 모자이크를 이룬
만남의 도시, 토론토[3)]

(1997. 7. 29.)

---

1) 1976년에 완성된 높이 553.33미터의 송신탑으로 CN(Canadian National) 철도회사의 소유이다.

2) 세계최초의 천장을 제거할 수 있는 원형경기장.

3) 토론토는 인디언말로 만남의 장소란 뜻을 가지고 있다.

천섬[1000 Islands]

1,800여개의 섬이 흩어져
알렉산드리아만〔Alexandria Bay〕을 수놓았네.

볼트성〔BOLDT CASTLE〕에는
슬프고도 아름다운 러브스토리가 있다네.

한 사나이가[1] 있어
아내를[2] 위해 사랑의 섬을[3] 만들었다네.
하지만 그녀는 죽고 말았고
상심한 그는 섬을 떠나버렸다네.

천 섬을 오고 가며
캐나다와 미국의 국경을 넘나드네.

(1997. 7. 29.)

---

1) George C. Boldt
2) Louise
3) Heart Island

월트 디즈니 월드[Walt Disney World]

작열하는 태양아래
플로리다〔Florida〕반도 올랜도〔Orlando〕엔
어린이에게 동심이
어른들에겐 낭만이
그리고 미국의 꿈이 영그는
레저왕국이 있다.

유령나라[1] 총격전,
불바다 물바다[2]를 피해
괴물[3]을 퇴치하고 나서
백상어[4] 안에도 들어가 보고
스릴 만점 카레이스[5]를 펼친 뒤
E. T. 자전거를 타고
나도 모르게 밤하늘을 날아가고 있었다.[6]

---

1) Ghostbusters
2) Earthquake
3) King Kong
4) Jaws
5) Back to the Future
6) Universal Studios

자연보호 메시지를 전하는
바다사자, 수달, 해마의 코미디
샤무〔Shamu〕[7] 가족이 펼치는
조금은 시건방진 묘기를 보며
그렇게 나도 천진난만하고만 싶어진다.
이처럼 디즈니월드엔
소리,
물,
그리고 웃음이 있었다.[8]

모험,[9]
개척,[10]
자유,[11]
환상,[12]
미래,[13]

---

7) 범고래
8) Sea World
9) Adventureland
10) Frontierland
11) Liberty Square
12) Fantasyland

마법의 성[14]을 따라
휘황찬란한 퍼레이드가 펼쳐지고,
신데렐라〔Cinderella〕 성벽 위로
불꽃들이 폭포수 되어 내린다.
여기에도
음악과 율동,
빛,
그리고 색깔이 있었다.

살아 있는 바다
해저여행도 해보고[15]
꿈포착기를 타고
공상여행도 해본다.[16]
국경없는 세계여행을
단 하루 만에 즐기고[17]

---

13) Tomorrowland
14) Magic Kingdom
15) The Living Seas
16) Journey into Imagination
17) World showcase

타임머신 열차를 타고
과거로의 역사여행을 떠난다.[18]
어디를 가나 미래가 열리고
레이저, 빛, 분수, 음악, 불꽃이 어우러져
온 하늘에 랩소디〔Rhapsody〕가 울려 퍼진다.[19]

(1994. 12. 24.~28.)

18) Spaceship Earth
19) EPCOT CENTER(Experimental Prototype Community of Tomorrow)

몬트리올[MONTREAL]

세인트로렌스〔St. Lawrence〕강 오타와〔Ottwa〕강이 감싼
신성한 언덕 위엔[1]
성 요셉 성당[2] 나무목발 기적의 자취가,
노트르담 성당[3] 색유리〔Stained glass〕에는
메종뇌브[4] 빌마리[5] 역사가 서려있네.

생 카트린느 거리[6] 홍등가의 젊음을,
자끄 카르띠에 광장[7] 거리악사의 흥을
마차에 싣고,
캐너디언〔Canadian〕 맥주로
몬트리올 깊은 밤을 태워보네.

(1997. 7. 30.)

---

1) 몬트리올은 MONT ROYAL에서 유래.
2) L'ORATOIRE ST-JOSEPH
3) LA BASILIQUE NOTRE-DAME
4) Maisonneuve
5) VILLE-MARIE
6) RUE SAINT-CATHERINE
7) PLACE JACQUES-CARTIER

칠레[CHILE]

세계에서 제일 기~인 땅

빠른 경제발전
맵고 짠 음식을 좋아하고
급한 성미에다
삐노체뜨[1]의 장기독재
우리네 역사와 꽤나 닮은 나라다.

1) 아우구스또 삐노체뜨[Augusto Pinochet Ugarte, 1915~2006]

산띠아고[SANTIAGO]

1

길게 늘어선 해안 절벽아래
시원하게 뻗은 백사장
그리고 태평양이 반짝이는
휴양도시 비냐델마르
꽃시계1)가 우리를 맞는다.

동전궁전에서 대통령궁2)으로
파란만장한 과거가 고스란히 남아있다.3)
발디비아4)기마상을 가운데 두고
야자수아래 쉬고 있는 사람들
물 만난 아이들로 북적대는 분수대
유서깊은 건물5)들이 에워싸고 있다.6)

---

1) 비냐델마르[Vinã del Mar]의 얼굴로 1962년에 만듦.
2) 모네다궁전[Palacio de la Moneda]으로 1805년 조폐국 건물로 사용하다가 1846년부터 대통령궁으로 사용하고 있다.
3) 1973년 9월11일 삐노체트가 쿠데타를 일으킨 날이자 아옌다[SALVADOR ALLENDE]대통령이 모네다 대통령궁에서 장렬한 최후를 맞이한 날이다.
4) 1541년 최초 정복자 뻬드로 데 발디비아[Don Pedro de Valdivia]가 산띠아고 건설.
5) 국립역사박물관, 대성당.
6) 아르마스광장[Plaza de Armas]

'하늘과 대지를 연결하고
사람들을 보호하기 위해'
모아이석상[7]이
칠레사람들을 지키고 있네.[8]

2

산띠아고 바다현관 발빠라이소[9]
파스텔톤 향수가 묻어난다.
천국에서 물건을 흥정하며
시간을 보내다

산등성이마다 선인장과 가시덤불이
우뚝 솟은 건 미루나무와 야자수뿐

---

7) 부활절이던 1722. 4. 5.에 네덜란드 선박이 발견해 명명한 이스터(Easter ; 그 이전엔 세계의 배꼽을 뜻하는 테 피토 오 테 헤누아[(Te Pito O Te Henua]라고 불려 짐)섬에는 모아이[Moai]라는 거대한 석상이 800여개나 있다고 한다.
8) 역사고고학박물관
9) 발빠라이소[Valparaiso]는 천국같은 계곡이라는 뜻인데, 2003년 유네스코 세계유산등록.

즐비한 포도밭을 지나
안데스 산맥에 오르니
잉카눈물[10]이 우리를 맞네.
DARK BLUE

케이블카를 타고
산끄리스또발[11] 언덕에 오르니
성모상[12]이
하얀 빛을 발하고 있구나!

3

꼰차 이 또로[13]
와이너리 관광에 나섰다.

---

10) 안데스산맥 해발 3100m에 있는 Laguna de Inca[잉카호수].
11) San Cristóbal
12) Virgin de la Inmaculada
13) Concha y Toro winery

포도향기 가득한 곳으로
악마의 허락을 받고

지하 저장고에 들어섰다.[14]
냉기가 느껴지고
으스스한 분위기가 연출된다.
와인 한 모금 마시니
와인과 내가 하나가 된다.

(2009. 4. 29.~5. 2.)

---

14) 악마가 지키고 있다는 까시예로 델 디아블로〔Casillero del Diablo〕.

부에노스아이레스[BUENOS AIRES][1]

1

한때 소가죽만 수출하고
소고기는 버리던 때가 있었다.
땅고가 흐르는 밤
땀에 젖은 작업복 대신
화려한 슈트차림으로
보까[2] 밤거리를 활보하던 그들
이젠 가난과 고통을 떨쳐버리고
남미의 파리를 꿈꾸다
이 도시는 결코 잠들지 않았다.

땅고를 잉태한 보까
노천 까페 곳곳마다
땅고 음악이 울려 퍼지고
무명 땅고 댄서들이

---

1) 순풍이란 뜻으로 원래는 산타 마리아 데 로스 부에노스아이레스이다. 대통령궁[Casa Rosada], 시청, 까빌도[Cabildo ; 시의회 박물관], 국회의사당, 세계서 제일 넓다는 7월9일대로, 1810. 5. 25. 독립을 선언한 5월 광장, 12사도가 받드는 대성당.

2) La Boca

육감(肉感)어린 몸짓으로
나그네를 유혹하네.
파스텔 톤으로 단장한 집들[3)]
형형색색 화사한 담벼락
어디나 피사체
사진기를 들이댄다.

2

레꼴레따 묘지[4)]
미로 찾기에 나서다
부자들의 사후 안식처
마치 조각 박물관에 온 듯하다
사생아로 태어나
여배우로 살다가
영부인까지 오른 에비따〔Evita〕[5)]

---

3) Caminito골목길
4) 레꼴레따〔Recoleta〕는 원래 수도승들이 채소를 기르던 정원이었는데, 1882년에 공동묘지가 되었다.
5) María Eva Duarte de Perón

'아르헨티나여 나를 위해 울지 말아요'
(Don't Cry for Me Argentina)
가난한 이들의 편에 섰던 그녀가
여기 묻혀있다는 것이 아이러니하다
꽃이 끊이지 않는 그녀의 무덤
아직도 그녀를 흠모하는 이들로
에비따는 영원하구나!

해가 뜨면 피고
해가 지면 접는
플로라리스 헤네리까[6]
노곤한 여행객을 반기네.

3

흐느끼듯 울부짖는
반도네온〔Bandoneon〕 연주에 맞춰

6) FLORALIS GENERICA : 나시오네스 우니다스(Naciones Unidas)광장에 건축가 Eduardocatalano가 만든 금속꽃.

격정적인 남녀커플들이
무대 위를 수놓는다.
빠른 발놀림과 몸회전
숨결마저 들어 마실 것만 같은 표정
애수어린 음악과 하나가 된
감정의 카타르시스
땅고쇼에 취한 듯
은강[7]도 붉게 물들고

잠자리가 초라하여 부애가 났던[8]
부에노스아이레스 밤도 깊어만 가네.

(2009. 5. 3.)

---

7) 리오 데 라 플라타
8) 부아가 나다의 사투리.

뿌에르또 이구아수[Puerto Iguaz][1)]

거대한 신비의 땅
얼마나 기대에 부풀어 찾아왔던가!
온갖 새들의 노랫소리를 들으며
마침내 이구아수와 마주친다.

물이다! 아!!(Igu Azu)

철제 다리를 걸어가며
호기심이 극에 달한다.
가까이 갈수록
긴장감은 최고조

1) 아르헨티나 쪽 이구아수.

이윽고 악마의 목구멍[2)]
이름만 들어도 섬뜩하다
허물어진 폭포수는 물보라와 물안개로
무언의 장관을 연출한다.

유유하게 흐르는가 싶더니
한순간 땅 밑으로 사라져 버린다.
모든 물이 하나가 된다.
뛰어들고픈 충동을 느낀다.

(2009. 5. 4.)

2) Garganta del Diablo : 대지의 샘물을 식도로 배출한다는 뜻에서 명명지어짐. 최대 낙차가 100m가 넘는 폭포로 미션의 촬영지.

리오 데 자네이루[RIO DE JANEIRO][1]

1

브라질하면 삼바
삼바하면 히우〔Rio〕
삼바는 그네들에게 음악이자 춤 그 자체
카니발이 끝난 뒤라서 그런지
조용한 모습에
좀 실망스럽긴 하다

2

꼬르꼬바도[2] 언덕에선
예수님[3]이 두 팔을 벌린 채
우리를 반긴다.
'너희를 보호하고 축복하겠노라'
기암, 물, 도시가 어우러진

---

1) 1월의 강이란 뜻.
2) Corcovado : 꼽추라는 뜻.
3) 1931년 포르투갈의 브라질 발견 500년, 브라질독립 100주년을 기념해 만들어진 높이 38m, 팔 길이 28m의 예수상〔Cristo Re Den Tor〕.

RIO를 지키고 계시다.
　눈부신 태양
　푸른 바다
　하얀 모래사장4)
　원추형 산들

아슬아슬 수영복 차림의 여인들 속
인어동상이
리오를 말해주네.
　머리털은 숲
　가슴은 구릉
　허리는 해안가
　스커트는 파도

바다위로 솟아오른 바위산
빵 지 아수까르5)

마치 바게트 빵을 세워 놓은 듯
숲길을 거닐면서
내려다보이는 RIO는
더욱 더 아름답다.

---

4) 꼬빠까바나〔Copacabana〕해변과 이빠네마〔Ipanema〕해변.
5) Pão de Açúcar : 높이 솟아오른 꼭대기란 뜻으로 일명 Sugar Loaf라고도 한다.

3

파리 오페라하우스를 옮겨놓았나
장엄하고 화려하다[6]
믿음의 조각으로 장식한 원뿔형 성당[7]
요새인양 투박하다

오디오를 받아들고
홀을 걸어가면서
원석채취에서 보석탄생까지
모형과 시연을 실감나게 보여 준다.

화려한 쇼룸을 지나
원석 하나를 받아들고 나선다.[8]

4

웨이터가 슈하스꾸[9]를 들고 나와
원하는 부위를 잘라준다.

---

6) 시립극장
7) 중앙 입구에 48개의 믿음의 조각이 새겨진 대성당 메뜨로뽈리따나〔Metropolitana de São Sebastíão〕.
8) 보석회사 H. Stern.
9) Churrasco : 쇠고기를 통째로 꼬치에 끼워 숯불에 구운 요리.

페이조아다[10]를 떠먹으며
고기잔치를 벌려보자.

남미 태양을 가득 담은
생과일주스의 향연 수꾸[11]
노천 까페에서
브라마〔Brahma〕맥주를 마시며
박지성 축구를 즐기다.[12]

슛~ 골인! 따봉〔Ta Bom〕!

에너지를 뿜어내는
바다만큼 시원하고
태양만큼 뜨거운
리오 데 자네이로의 사람들

(2009. 5. 6.~7.)

---

10) Feijoada : 검은콩과 돼지의 모든 부위를 넣어 향신료와 함께 끓인 스프.
11) 망고〔Manga〕, 아싸이〔Açai〕.
12) 2008/2009 UEFA 챔피언스리그 준결승 2차전 아스널〔Arsenal FC〕과의 경기에서 박지성이 선취골을 뽑음.

포스 두 이구아수[Foz do Iguacu][1]

산책로를 거닐다 보면
폭포수가 만든
장엄한 파노라마가 펼쳐진다.

엄청난 소리
끝없이 피어오르는 물안개
간간히 보이는 무지개
짙푸른 열대우림

거기에 파란 하늘과
절묘하게 조화를 이룬 구름
경이감을 불러일으킨다.

1) 브라질 쪽 이구아수로 큰물을 만난다는 뜻이다. 이곳에 오기 전 파라과이 국경을 넘어 시우다드 델 에스테〔Ciudad del Este〕 면세지역 관광.

그러나 조금은 실망스러웠다
생각만큼 물이 없어서
물줄기를 온몸으로 맞지 못한 게 못내 아쉽다[2)]

눈에 비치던 폭포를
온몸으로 느껴보자
물의 힘에 아찔하다
여기가 바로
돈 주고 물벼락 맞는 곳이구나!

(2009. 5. 5.)

---

2) 마꾸꾸[Macuco]사파리 투어

FROM 쿠스코[CUSCO] TO 우루밤바[URUBAMBA]

1

잉카의 본향 쿠스코[1)]
스페인 침공[2)]으로
태양신전[3)]이 무너진 뒤
잉카문명 영광은 간데없고
오롯이 제 삶을 찾는
사람들로 분주하다.
　야채과일을 수북이 쌓아놓고 외치는 인디오 여인,
　고기감자를 꼬치에 끼워 숯불에 구워 파는 장사치,
　조악한 생필품 앞에서 이리저리 뒤적이는 현지인들,
　잉카무늬를 수놓은 모직물을 팔려고 쫓아 다니는 행상,
　민속 악기를 연주하며 노래하는 악사
잉카인들의 옛 영화를 꿈꾸며 살아서 그런지
페루인들은 밝기만하다.

---

1) Cusco : 배꼽이란 뜻.
2) 1532년 프란시스코 피사로가 이끄는 스페인군 180명에게 아타왈파가 카하마르카[CAJAMARCA]에서 체포됨으로써 잉카제국은 붕괴되었다.
3) 티티카카호수에서 나타난 태양신의 아들 망코 카파크[Manco Capac]의 전설.

2

쿠스코 머리[4] 삭사이우망[5]
면도날 하나 들어갈 틈도 없는
촘촘한 돌 하나하나에 놀랍기만 하다

껜꼬,[6] 뿌까뿌까라,[7] 탐보마차이[8]
고산지역이라 숨이 가쁘다
널브러진 몸
코카 잎으로 추스르고
잉카인의 생명수로
목을 축이다

---

4) 퓨마를 숭상하던 잉카인들이 쿠스코를 퓨마모양으로 만들고 그 머리에 해당하는 부분에 만들었다고 한다.
5) Saqsaywymán : 하루 3만 명씩 동원돼 80년에 걸쳐 만들어졌다는 3층으로 쌓아올린 거석 성채.
6) Q´uenco : 미로라는 뜻.
7) Pucapucara : 붉은 요새.
8) Tambomachay : 물의 신전.

3

아슬아슬 16구비 돌다보니
잊혔던 공중도시 마추 픽추[9)]
운무(雲霧)속 산봉우리 사이로 모습을 드러낸다.
산꼭대기에 이런 평원이 있을 수 있단 말인가!
스페인군을 막아내던 요새인가?
태양신을 모시던 신전인가?
귀족계급의 성녀도시인가?
이방인들의 발길이 끊이질 않고 있다.

9) Machu Picchu : 하이람 빙검(Hiram Bingham)이 1911. 7. 24. 잉카의 전설 속 환상의 도시 비루카밤바를 찾아다니다 찾아낸 곳으로 태양의 신전, 해시계, 큰돌의 신전과 감옥, 계단식 밭 등 관광.

4

평원[10]이 끝나는 산기슭에
병풍을 친 듯
인디오[11]들이 모여 사는
친체로〔Chinchero〕 마을
햇빛에 빛나는 건
만년설과 소금
우리네와 비슷해 친근감이 드는
양 갈래 머리 인디오 어린이
잉카 후예들이 들려주는 엘 콘도르 파사[12]
듣는 이로 하여금 애처롭다 못해
구슬프기 그지없다
잉카의 사라진 영광을 다시금 생각나게 한다.

---

10) Urumbamba valley agriculture
11) 인디오와 스페인들 사이에서 메스티조〔mestizo〕라는 혼혈이 생기게 된다.
12) El Condor Pasa라는 장송곡.

5

아르마스〔ARMAS〕광장 대성당
위용을 자랑한다.
로레토거리[13] 좁은길
스페인풍 집 이층난간 열병식 하네.
해와 달이 지키는 황금신전[14]
12각 돌[15]수수께끼 끝내 풀지 못한 채
닳고 닳은 돌길을 거닐어 보네.

(2009. 5. 9.~10.)

13) Calle Loreto
14) Qorikancha : 지금은 산토도밍고〔Santo Domingo〕교회로 변해 있다.
15) 종교예술박물관

리마[LIMA]

온통 중고차 전시장
띠꼬[1]세상이다

나스카를 옮겨다 놓은
마리아 라이체[2] 공원
젊은 남녀들이 사랑을 나누는
사랑공원

애절한 사랑이 담긴 해안절벽[3]
지금도 수도사 옷을 입은 젊은이가 뛰어 내린다네
어디를 가나
영혼을 달래는 콘돌〔condor〕[4]얘기……

---

1) 대우자동차 TICO
2) Maria Reiche : 스카 연구에 일생을 바친 사람.
3) La Herradura Beach에 있는 El Salto del Fraile(수도사의 추락).
4) 콘도르〔condor〕라는 말은 잉카인들 사이에서는 '어떤 것에도 얽매이지 않는 자유'라는 의미를 가지고 있으며, 콘도르 새 역시 잉카인들에 의해 신성시되어온 새로서 그들이 죽으면 영혼이 콘도르로 부활한다는 사상을 가지고 있었던 것으로 잉카인들의 삶과 종교에서 떼 놓을 수 없는 새로 알려져 있다.

빠라까스[PARACAS][1]-이까[Ica]-나스카[NASCA]

모터보트에 몸을 싣고
태평양으로 나서니 풍광이 상쾌하다
물개들이 오수를 즐기고
온통 새들의 배설물로 하얗게 덮여 있다.[2]

고속도로가 끊기자
황량한 사막을 샌드카로 달린다.
와까치나〔Huacachina〕 오아시스
사막썰매 타고 다가가나 볼까

1) 바람의 비라는 뜻.
2) 바이에스타라는 물개섬.

하늘에서만 볼 수 있는
사막 위 불가사의 그림[3]이라
경비행기에 올라타
이리 돌고 저리도니
어지러움이 장난이 아니네.

은하수 흐르는 밤
달빛은 교교한데
중세정원에 온 듯
페루에서 맞은 생일
오늘밤은 푸근하다.

(2009. 5. 11.~13.)

3) 고래, 삼각형, 사다리꼴, 우주인, 원숭이, 독수리〔Cóndor〕, 거미, 벌새, 펠리컨, 앵무새〔Parrot〕, 나무, 손.

OAHU섬

Aloha !

파아란 하늘가 뭉게구름
푸르른 바다 위 돛단배

Aloha !

소금 내 물씬 나는
따뜻한 밤바다에[1]
라이브 쇼가 펼쳐진다.
  칵테일 한잔,
  감미로운 음악,
  진홍색 석양,
  와이키키〔Waikiki〕 야경

찌든 얼굴은 볼 수가 없다.
스트레스가 하나하나 씻겨 나간다.

---

1) Wind Jammer Sunset Cruise

Aloha !

물 반, 고기 반 커다란 어항
하나우마〔Hanauma〕 해변
물고기와 대화하면서
스노클링〔Snorkeling〕하다 보니
시간가는 줄 모르겠네.

Aloha!
Bula! Bula!

폴리네시안 민속촌에는2)
전통이 숨쉬고
음악이 흐르고
글래머 여인의 춤사위에
천진난만한 웃음이 있었다. (1996. 8. 23.~25.)

---

2) Polynesian Cultural Center(Polynesia ; New Zealand, Samoa, Tahiti, Fiji, Marquesas, Tonga and Hawaii)

페루[PERÚ][1]

금방석 위 거지나라
가진 자를 위한 노예생활
스위트 홈은 간데없고
우리나 다름없는 나무상자 오막살이
서민들의 삶은 고달프기만 하다
그래서 그들은
'KEICO[2] FUERZA 2011'을 외치고 있다.
어느 누가 이 나라를 구한단 말인가?

1) 알빠까[Alpaca], 기니피그[Cuy Chactado], 잉카콜라 등 특산품이 있다.
2) 후지모리의 첫째 딸로 2011년 대통령선거에 출마할 예정이라 한다.

黃의 大陸 - 아시아

〔태국 방콕〕

이러고 싶을 땐 몽골에 가보세요

회색 빌딩 숲을 빠져나와
悠悠自適
탁 트인 초원을 달려보고 싶지 않으십니까?

파란 하늘을 이불삼아
安分知足
단꿈에 빠져보고 싶지 않으십니까?

동북공정으로 시끄러운 이때
悲憤慷慨
민족의 뿌리를 찾아 나서지 않으시렵니까?

징기스칸 후예가 되어
唯我獨尊
호령치고 싶지 않으십니까?

(2005. 6. 25.~7. 2.)

바이칼호수[Baikal Lake][1)]

백옥 같은
자작나무 숲을 지나니
파도가 넘실대는
망망대해가 펼쳐진다.
시베리아의 검은 진주, 바이칼
거대한 그 모습에
오감이 절인다.
호수 물에
발을 담가보다가
마셔도 본다.
불로장생한단다.
이어 산길을 오른다.
야생화가 은하수처럼
눈에 밟힌다.

(2005. 6. 29.)

1) 타타르어로 '풍부한 호수'라는 뜻.

天津

前後左右를 살펴봐도
산자락은 잡히질 않고,
황금들판에선
곡식과 과일이 영글어 간다.

붉은 벽돌공장 굴뚝위로
희검은 연기 흩날리고,
오늘따라
하늘마저 검으축축하구나.

오가는 자전거 행렬
무질서 가운데 질서가 있고,
狗不理 만두에 손이 자꾸 가
이래서 서태후도 반했나보다.

(1995. 10. 2.~6.)

北京

개혁과 개방의 물결 속에서도
태연자약(泰然自若)한 듯
수천 년의
비밀을 간직한 채
잠자는 사자

한때는
격변의 현장으로
지금은
관광명소로
人山人海 天安門 廣場

八達嶺을 지나
끝없이 이어지는
하나의 벽
달나라에서도 보인다는
萬里長城

구천구백구십구 칸 목조궁전 紫禁城
죽어서도 군림하는 지하궁전 明13陵
하지만 마지막 황제가 목맨
소나무 한 그루가
한때의 榮辱을 말해 주누나.

남녀노소
형형색색
자전거 홍수 속에
그 옛날 찬란했던
黃河의 曙光이 비친다.

(1993. 8.)

西安

살아생전 阿房宮은
재조차 간 데 없는데
육천 체 兵馬俑이
불로장생 秦始皇을 환생시킨 듯
시대를 넘나드는
역사의 만남 속에
놀라지 않을 수 없구나!

양귀비가 沐浴齊戒하고
현종과 사랑을 나누던 華淸池,
삼장법사가 천축에 다녀와
독경소리 드높이던 大雁塔,
저 탑 위에 높이곰 솟아
이 못 속에 빠진 저 달은
이태백이 놀던 달이던가!

(1992. 8.)

桂林(漓江에 몸을 싣고)

오랜 세월 풍수에 시달려[1]
병풍을 두른 듯
종을 엎어 놓은 듯
九折羊腸 漓江 奇岩奇峰 사이로
유람선은 줄지어 빠져 나가고
철없는 아희들이 멱 감을 제
강태공의 후손들은
한가로이 나룻배를 젓는구나.

바람에 실려 오는
계수나무 꽃 달콤한 향기에 젖어
'강은 푸르러 엷은 비단 띠와 같고
산은 푸르고 푸른 옥비녀와 같다'고 읊은
韓愈를 생각하다 보면
내가 마치
천하제일 산수화의
주인공이 된 것만 같도다.

(1993. 8.)

---

1) 1억 8천만 년 전에 융기했다고 한다.

상하이[上海][1]

사람이 많기 때문에
복잡하다.
초고층건물 때문에
입이 벌어진다.
질서가 없기 때문에
정신이 없다.

역사의 상처자국에도
자신감이 넘친다.
빨래가 줄줄이 내걸려 있어도
명품브랜드로 럭셔리하다.
찻잎 가득한 플라스틱 병을 들고 다녀도
스타벅스는 진짜 많다.

---

1) 명나라 시대 정원 위위안〔豫園〕, 유럽식 건물로 꽉 찬 신텐디〔新天地〕, 런민광창〔人民廣場〕, 상하이 역사의 다이제스트 도시계획전시관〔城市規劃展市館〕, 난징루〔南京路〕, 세계에서 세 번째로 높다는 동방명주탑, 프랑스풍 시엔창광〔鮮牆房 : Xian Quiang Fang〕.

김구선생 머물던 임시정부
나라걱정 한숨소리 멎은 지 오래
윤봉길의사 폭탄 던진 홍구(虹口)공원[2]
쾅 소리 들리지 않네.
배꼽시계 맞춰 샤오룽바오〔小籠飽〕[3]
만두 이 보다 더 맛있을 순 없다.

높디높은 동방명주탑에 올라갔지만
안개에 가려
아무것도 보이지 않았다.
황푸〔黃浦〕강 건너
와이탄 불빛만이
화려할 뿐이다.

(2007)

---

2) 현재는 루쉰공원〔魯迅公園〕
3) 난샹사오롱〔南翔小籠〕

泰安 泰山

태산은 태산이로되
하늘아래 뫼이로다.[1]

오르고 또 오르니
천황전[2]에 올랐어라.

태산에 올라 보니
세상은 작구나.[3]

---

1) 양사언의 시조(태산이 높다하되 하늘아래 뫼이로다).
2) 역대 황제들이 제사를 지내던 곳.
3) 공자님 말씀(登泰山而小天下 : 태산에 오르니 세상은 작구나).

진시황이 그랬듯이
國泰民安 빌었어라.

크고 작은 자물쇠
맞물려 달려있고[4]

매서운 바람소리만
태산을 지키고 있어라.

(2001. 1. 25.)

---

4) 태산정상 1545m에 위치한 절 입구에 있는 탑에는 큰 자물쇠와 작은 자물쇠가 한 쌍을 이뤄 빼곡히 달려 있는데, 이는 이 탑에 맹세한 연인들은 절대로 헤어지지 않는다는 데서 연인들이 매달아 놓은 것들이다.

曲阜(취푸)

人과 仁을 가르치사
孔子님
그 넋이 서린 땅
至聖[1] 그리고 孔씨 가족들의
영원한 안식처[2]
숲을 이루었네

돌기둥을 휘감은 두 마리 용은[3]
별[4]을 따기 위해
승천이라도 하려는 듯하고
공씨 가문의 삶이
고스란히 녹아 있지만[5]
손길 닿은 지 오래구나.

(2001. 1. 26.)

1) 至聖은 孔子를 뜻하고, 孟子는 亞聖(檻聖)이라고 불렀다.
2) 孔子와 그 후손들의 씨족묘지인 孔林.
3) 공자를 기리기 위해 세운 사당인 孔廟의 본전인 대성전.
4) 星(고대 중국 천문학에서 학문을 지배하는 별을 뜻함).
5) 공자의 후손들이 사는 집인 孔府.

靑島[칭따오]

동틀 무렵 닭이 울어
조용한 아침의 나라를
깨우던 때가 있었다.

하지만 지금
이 땅이 시끄러워진지 오래
그저 아름다운 전설일 뿐이다.

언덕길 따라 붉은 벽돌집,
부딪히는 맥주잔에는
독일의 향수가 녹아난다.

넓은 백사장
눈부신 풍광
여유로움이 우리를 부른다.

(2001. 1. 27.~28.)

홍콩[HONG KONG]

신호에 아랑곳하지 않고
천천히 길을 건너는 사람들,
비싸도 맛있는 음식을
찾아다니는 사람들,
노점식당에서
술잔을 기울이는 사람들
모두가 여유롭다.

진짜보다 더 진짜같은 이미테이션
없는 게 없어
밤 문화를 만끽하는 몽콕[MongKok] 야시장
빅토리아 산장에서 바라다보는
백만불 야경
홍콩섬과 구룡반도를 오가는
레이져 쇼
모두 다 화려하다.

스타페리에서 바라보는
스카이라인
넓은 모래사장위로 햇빛이 쏟아지는
리펄스 베이〔Repulse Bay〕
일상생활의 스트레스를 확 날려버릴 수 있는
피크트램〔Peak Tram〕, 오픈 탑 이층버스 탑승
소원을 말해봐
만모사원1) 원뿔 향
모두 향기롭다

(2009. 7. 30.~8. 1.)

1) 윙타이신사원〔黃大仙祠 ; Wong Tai Sin Temple〕

마카오[MACAU]

광동요리,
포르투갈요리,
마카오 요리
맛의 여행을 떠나보자

향긋하고
톡~ 쏘면서도 맵지 않은
맛으로
정을 나누어 보자

A-Ma-Gao[1)]
신의 도시에서
카지노 천국[2)]으로
멋의 여행을 떠나보자

---

1) 마각묘[媽閣廟 : Temple of A-MA]
2) 드라마 '꽃보다 남자' 촬영지였던 베네시안[Venetian] 리조트에서 자유 시간을 가졌다.

삼륜자전거[3]에 낭만을 싣고
성바울성당[4] 정면계단아래
얼룩무늬 돌길[5] 지나
천정화가 요동치는[6]
화려한 불빛[7] 속을 달려보자

(2009. 7. 30. ; 8. 1.~2.)

---

3) 트라이쇼[trishaw]라 불리는 패디캐브[Pedicabs].
4) 1835년 화재.
5) 릴세나도[Leal Senado] 중앙광장
6) WHM[永利]호텔
7) MGM호텔의 분수쇼.

自由中國

1

신이 준 선물인가
태로각 협곡의 대리석 절벽과
그 사이를 흐르는 玉水
현대와 원시가 공존하는 나라

일년 내내 뜨거운 햇볕 아래
이름 모를 초목과
아름다운 꽃으로
繡놓인 고구마 나라

언젠가는
본토수복을 꿈꾸는
그 이름하여
中華民國

2

코를 찌르는 코리앤더[1]
휘황찬란한 야시장
오룡차 향기 속에
여유를 즐기는 나라

무질서 가운데
질서가 있고
위아래가 없이
검소하고 건강한 나라

아직은 거리에
反共必勝 구호가 나부끼는
그 이름하여
自由中國

(1992. 8.)

---

1) Coriander〔胡荽, 香荽〕: 명칭은 그리스어의 '코로'에서 유래되었다. 코로란 벌레를 의미하는데, 이것은 열매가 익기 전에 악취를 내기 때문이다.

큐슈(九州)

해변이든 산자락이든
어디를 둘러보아도
수증기가 피어오르는
溫泉鄕 벳뿌〔別府〕
海地獄 큰 연꽃을 타고
大明天地에 地獄巡禮를 떠나다.

阿蘇山에서 내뿜는
퀘퀘한 연기에 취하고,
첩첩측벽을 지나
울창한 장목 속
구마모또〔態本〕성 망루에 올라
그 옛날 울분을 삼키고 또 삼킨다.

(1994. 7. 17.)

아오모리[靑森]

아오모리에 어울리지 않게
어디를 가나
새빨간 사과가
주렁주렁

시 한복판에서
현대식 피라미드가 반기네.[1]
쓰가루반도[2],무쓰만[3], 핫코다산[4]()이
파노라마처럼 펼쳐진다.

1) 아스팜(ASPM : Aomori Sight-seeing Products Mansion) : 높이 76미터의 정삼각형 건물.
2) 津半島[つがるはんとう]
3) 陸[むつわん]
4) 八甲田山

오이라세 계류[5]를 산책하면서
　울창한 수목들의 녹음,
　부서졌다가 피어오르는 물방울,
　여울 위로 고개를 내민 이끼
　초목으로 몸을 감싼 바위
바로 눈앞에서 만끽할 수 있다니
자연이 주는 선물이
이보다 더 좋을 수야……

(2007. 9. 26.)

5) 奧入瀨溪流 : 둘레 44㎞의 도와다 호수〔十和田湖〕에서 흘러나오는 오이라세 강의 네노구치〔子之口〕에서 야케 산〔燒山〕까지의 약 14킬로미터에 이르는 원시림계곡.

방콕[BANGKOK]

누구를 만나도
여유와 미소가
넉넉히 흐르는
천사의 도시

어디를 가도
성스러움과 속됨이
늘 함께하는
인간의 땅

시간이 지날수록
화려함과 시끄러움이
한층 더해만 가는
여행자 천국

(1999. 7. 30.)

北海道[1]

1. 하코다테〔函館〕

금방 잡아 올린
해산물을 찾는 이들로
새벽시장은 활기가 넘친다.

하치만자카〔八幡坂〕 이국적 풍경을 보노라면
일본은,
참 많이도 유럽을 닮고 싶었나보다.

하코다테로프웨이〔函館ロ-プウェイ〕에서 내려다본 야경
도쿠가와 막부가
못다 이룬 꿈이런가?[2]

1) 하코다테→오오누마→도야→기타유자와→오타루→삿포로.
2) 고료카쿠 공원〔五稜郭公園〕: 1857년부터 7년간 축조된 일본 최초의 서양식 성곽으로 성의 해자가 별모양으로 돌출되어 있다.

2. 도야〔洞爺〕

호호망망(浩浩茫茫) 도야호수〔洞爺湖〕를 오가며
뿌연 분연과 매캐한 냄새를 내뿜는
쇼와진잔〔昭火新山〕[3]과 우슈잔〔有珠山〕를
보고 또 보네.[4]

3. 오타루〔小樽〕

아름다운 야경 속
붐비는 관광객들을 피해
옛운하[5] 아래서 키스하는 아베크…아니 연인들[6]
러브레터[7] 그 연인이 어디선가 다가올 것만 같다.

---

3) 1943~45년에 17회 폭발을 일으켜 생긴 표고 407미터의 활화산이다.
4) 도야호수를 전망할 수 있는 사이로전망대〔サイロ展望台〕와 우수산 화구군을 볼 수 있는 니시야마〔西山火口〕 분화구 전망대가 있다.
5) 오타루운하
6) 예부터 오타루를 거쳐 가는 연인들은 오타루라는 글자가 찍힌 기차표를 한 장 더 사서 간직하는 습관이 있었다고 한다.
7) 1995년에 제작된 일본영화로 편지를 통해 한 남자에 대한 추억을 공유하며 각자의 상처를 치유해 가는 두 여자의 이야기를 그린 작품.

겉모습은 옛 창곤데
들어서면 화려한 딴 세상, 유리공방에는[8)]
아기자기하고 기발한
아이디어들이 뽐내고 있네.

천국의 음악이 울려 퍼지는
동화나라 속 오르골
구경하는 것도 공짜
시로이 고이비토〔白い戀人〕[9)]도 공짜

4. 삿포로[10)]

여름에는 맥주축제,
가을에는 와인축제,
겨울에는 눈축제
바쁘기 그지없는 오오도리공원〔大通公園〕

---

8) 기타이치가라스〔北一glass〕 공방거리.
9) '하얀 연인'이라는 뜻으로 하얀 쿠키 사이에 화이트 초콜릿이 들어 있다.
10) 아이누족의 말로 '오랫동안 메마른 강바닥'이라는 뜻이다.

빨강 벽돌[11]과
신록이 어우러진
삿포로의 오아시스
동서를 가로 지르네.

명탐정 코난[12]을 피해
맥주 제조 공정을 견학[13]한 뒤
삿포로생맥주 한잔으로
북해도 여정을 마친다.

(2007. 9. 26.~9. 30.)

11) 구북해도 청사의 애칭으로 1888년(메이지 21년)에 벽돌 약 250만개를 사용하여 미국 매사추세츠〔Massachusetts〕주 의사당을 모델로 네오·바로크 양식으로 지어졌다.
12) 명탐정 코난 시한장치의 마천루(名探偵コナン 時計じかけの摩天樓 : Detective Conan, The Time-Bombed Skyscraper)는 1997년 4월 19일에 개봉된 명탐정 코난의 첫 극장판이다.
13) 맥주박물관

컬러풀 北海道

YELLOW
옥수수
라멘
삿포로생맥주

RED
아카렌가
대게
참치뱃살

WHITE
눈[1)]
청정우유
시로이고이비토[2)]

1) powder snow〔건설(乾雪)〕
2) 하얀 초콜릿과자

BLACK
삿포로병맥주[3)]
별
야경

BLUE
도야호수
하치만자카〔八幡坂〕
눈 시린 바다

3) 검은색 label

베트남 중부

개발붐에 하루하루가 다르지만
낭만적 해변이 있기에
조금은 여유로운 곳
아직도 포성이 멎지 않은 듯
그 상처가 깊다.[1]

논〔Non〕[2]을 쓴 채 씨클로〔Syclo〕를 타고
지붕다리[3]를 건너 옛 시가지[4]를 둘러본다.
동·서양의 만남, 작은 파리
문화유산 그 자체, 호이안〔Hoi An〕

---

1) 베트남의 숨은 진주 다낭〔Da Nang〕, 월남전 때 청룡부대 주둔지.
2) 베트남전통모자
3) 16세기 일본식 지붕다리.
4) 진씨 시조사당, 짠푸저택〔풍흥의 집〕, 회교총회관, 관운장사당, 관음사 등.

굽이굽이 한참을 올라
하이반〔Hi Van〕고개[5] 정상에 오르니
구름과 맞닿았고
먼발치 바다와도 맞닿았네.[6]
풍광에 가슴이 탁 트이다
이내 마음이 씁쓸하다
전쟁이 끝난 지 오래지만
상흔은 어디서나 찾아볼 수 있으니.

정글 깊은 곳에 감춰져 있지만
전쟁만은 피하지 못하고
폐허가 돼버린
참파왕국 작은 앙코르와트 미손〔MySon〕성지를
시바〔Shiva〕신[7]이 홀로 지키고 있네.

---

5) 해발 900미터, 전체길이 20킬로미터의 고개로 베트남어로 하이는 바다, 반은 구름을 뜻하며, 하이반고개〔Hi Van Pass〕는 구름 낀 바다의 고개라는 뜻. 美 Traveler라는 여행 잡지가 세계 8대 비경중의 하나라며 평생에 한번 꼭 가봐야 할 50곳으로 선정한 곳.

6) Lang Co Beach

7) 힌두교에서 파괴와 창조의 신을 일컬음.

도자기 모자이크가
사계절 내내 찬란히 빛을 발하고
구름에 가려진 아홉 마리 용이8)
베트남을 지키는지
마블마운틴9)에 올라
목(木), 화(火), 토(土), 금(金), 수(水)
오행을 헤아려 보네.

(2008. 7. 29.~8. 2.)

8) 후에[Hue]에 있는 황궁, 카이딘왕릉[Lang Kahi Dinh].
9) 대리석산

싱가포르[Singapore]

작열하는 태양 아래
있는 사람 없는 사람
어린아이 어른 할 것 없이
모두가 살아 숨 쉬는 곳

눈부신 꽃과 신록의 정원
그리고 부정부패가 없는
그린〔Green〕 그리고 클린〔Clean〕의 나라
싱가 푸라〔Singa Pura〕

힘차게 내뿜는 머 라이언〔Mer Lion〕
깊어만 가는 센토사〔Sentosa〕의 밤
물줄기 향연 속에서
1993년 새해를 맞는다.

(1993. 1. 1.)

쿠알라 룸푸르[Kuala Lumpur]

常夏의 바람 속에서도 맑은 공기를 마실 수 있는
늘 푸른 도시,
욕심없는 눈빛의
정겨운 도시

후덥지근한 공기가 살갗을 감싸지만
한 차례 스콜이 지나고 나니 이내 상쾌해진다.
물기 머금은 잎새도
바람 끝에 싱글거린다.

교도소 벽엔
무고한 청년의 세월이 그려져 있고
하늘을 뚫은 바투동굴엔
기도수행이 끊이질 않는다.

가난했던 나무꾼이
꿈을 이룬 쉼터에서1)
2020년
선진 말레이시아를 기대해 본다.

(1996. 4. 28.~5. 5.)

1) 갠팅하이랜드〔Genting Highland〕

발리[BALI]

누사두아〔Nusa Dua〕 백사장
야자수 그늘에서
발리커피를 마시다가
꾸따〔Kuta〕 일몰을 바라보니
내 자신도 붉게 타오르고 있었다.

킨타마니〔Kintamani〕 화산지대
새까맣게 솟은 아궁산〔Gunung Agung〕을 바라보며
발리인들은
그 옛날부터
신의 노여움을 달래고 있었다.

나무 조각 마을 마스〔Mas〕
회화 마을 우붓〔Ubud〕
은세공 마을 쩰룩〔Celuk〕
바틱 마을 또빠띠〔Topati〕
발리에는 예술이 있다.

힌두사원 갈라진 문으로
善과 惡
生과 死
빛〔光〕과 어둠〔暗〕이 나뉘고
이 땅에 지상최후 낙원이 열렸나보다.

괌[GUAM]

봄을 뛰어 넘어
여름으로 간다.
차모로의 슬픈 전설과
가슴 아픈 역사가 담긴 곳으로

별빛아래 달빛 속
남국의 해변에서
왕처럼 실컷 먹고
아이들처럼 즐겨본다.

잉크 빛 바닷물에
뜨거운 열기가 식어가고
이내 어둠이 찾아오면
화려한 춤이 펼쳐진다.

"HAFA DAY"

(1995. 12. 31.)

SAIPAN

이글거리는 태양아래
시시각각 변하는 쪽빛 바다 위
떠오른 버섯 한 송이
여기가 산호섬 사이판

'여명의 눈동자' 정글에서
황홀 그 자체를 만끽하고
형형색색 열대어와 노닐다 보면
여기가 다름 아닌 용궁

만세절벽 '빠삐용'은 찾을 길 없고
새들이 온 섬을 덮은 저녁놀에
열대과일의 香味에 취해 버리니
여기가 바로 따뜻한 남쪽나라

(1995. 12. 3.)

터키[Turkey] 2200킬로미터

어딜 가나 이슬람사원에선
알라아~ 아잔〔adhān〕 소리가
애잔하게 울려 퍼지는 가운데
바닥에 이마대고 낮은 데로 임 하소서[1]

1. 이스탄불〔Istanbul〕

로마의 영광,
비잔틴의 문화,
오스만 투르크의 힘
애증의 속내를 찾아나서 보자.

화려하지도
깔끔하지도 않지만
신비스러운 빛을 발하고 있다.

---

1) 이슬람들은 하루에 5번 기도한다고 한다.

지난 영욕을 간직한 채
교회당에서 이슬람사원으로
다시 박물관으로
기구한 운명을 지닌
아야 소피아〔Ayasofya〕2)

소원구멍3)에
자꾸만 손이 가는 것은
인간인지라
어쩔 수 없나 보다.

황금모자이크 위에
나와 다르다고 회칠을 해버린
인간의 무지를 나무라지 않고
마리아4)는 미소 짓고 있다.

---

2) 유스티니아누스〔Justinianus〕 1세 때 당대건축가인 이시도루스가 건립한 '신성한 지혜'의 뜻을 가진 비잔틴양식 교회당으로(유스티니아누스황제는 '솔로몬이여. 내가 당신을 능가 했느니라'라고 외쳤다고 함) 1453년 이슬람사원으로 쓰이다가 1935년부터 아야소피아박물관으로 사용되고 있다.

3) 2층으로 가는 길목에 있는 원주에 구멍이 하나 있는데, 엄지손가락을 끼고 한 바퀴 돌리면서 한 가지 소원을 빌면 이루어진다고 한다.

4) 비잔틴황제 두 명이 아기예수를 안고 있는 마리아에게 아야소피아와 콘스탄

사원내부가 온통
푸른 타일[5]로 덮인 블루 모스크[6]
여섯 개 첨탑,[7] 층층이 돔[8]들이
폭포수를 이루네.

대포가 지키는 화려한 궁전[9]에서
하렘〔Harem〕[10] 여인네들이
호사스런 생활을 했는지는 모르지만
진정 행복했을까

음산한 습기가 배어나고
거대한 돌기둥이 시위라도 하듯
줄지어 서있는 어둠 속에서
메두사는 부활을 꿈꾸고 있다.[11]

티노플〔Constantinople〕을 바치고 있다.

5) 약 21,600 장의 푸른색 이즈니크 타일.

6) 술탄아흐멧 1세가 1609년부터 1616년 사이에 지은 술탄아흐멧 카미〔Sultanahmet Camii〕로 일명 블루모스크라 불린다.

7) 미나레〔Minare〕라고 한다.

8) 하늘을 의미한다.

9) 아흐멧 2세가 1459년에 세운 톱카프〔Topkapi〕궁전에는 보나파르트 나폴레옹이 그의 어머니에게 선물했다는 86캐럿 다이아몬드(원래 어부가 그물 자르던 칼로 사용하던 것이라고 함) 등 황금보석이 전시되어 있다.

10) 술탄의 여인들이 묵었던 곳.

그 옛날 실크로드를 달려온
대상들은 간데없고
그 흔적을 찾아 나선
관광객들로 북적댈 뿐이다.12)

보스포러스〔Bosphorus〕해협 크루즈에서 바라본
돌마바흐체〔Dolmabahçe〕궁전은 굳게 닫혀 있고
사치 뒤에 오는 그 무엇을 알려주듯
시계는 9시 5분에 멈춰 섰다.13)

(2008. 10. 10.~12.)

---

11) 지하물저장소〔Yerebatan Sarniçi〕
12) 그랑바자르〔Grand Bazaar〕
13) 오스만제국을 무너뜨리고 터키공화국을 창설한 아타 투르크 무스타파 케말 파샤가 서거한 시각(1938년 11월 10일 오전 9시 5분)이다.

2. 앙카라

친구의 나라 KOREA를 위해,
세계평화를 위해
젊음을 바친 무명용사 앞에
묵념을 올렸다.[14]

너른 밀밭을 지나
황량한 호수에 이르니[15]
온통 소금밭이라
그네들이 부럽기만 하다.

(2008. 10. 12.~13.)

14) 한국공원내 한국전참전기념탑.
15) 소금호수

3. 카파도키아〔Cappadocia〕[16)]

비바람과 세월이
낮과 밤이
쉴 새 없이 조각한
뾰족뾰족 울퉁불퉁

황량한 모래바람을 잠재우는
색색깔 바위산에
구멍이 숭숭
가우디 고향에 온 것 같다.

누가, 언제, 왜
만들었는지
지하도시 데린쿠유〔Derinkuyu〕[17)]는
말이 없다.

---

16) 네브쉐히르〔Nevşehir〕, 카이세리〔Kayseri〕, 니이데〔Niğde〕를 삼각으로 연결한 지역.

17) 깊은 우물이라는 뜻으로 아랍부족의 핍박으로 기독교인들이 숨어살던 곳인데, 1950년 어떤 꼬마가 닭 잡으려다 사라져 찾던 중 우연히 발견하였다고 한다.

앞사람 엉덩이를 쫓아
종종걸음으로 헐떡거리며
사방으로 난 구멍을 따라가다
마침내 십자가 방에 이른다.
종교의 힘이 이리도 크단 말인가
불굴의 의지와 열정으로
이뤄낸 대역사 앞에
절로 머리를 숙인다.

우취사르〔Uçhisar〕18)
발아래 펼쳐진 장대한 협곡
한눈으로 보기엔 벅차다
저 멀리 에르지예스〔Erciyes〕19) 설산이 눈에 들어온다.

괴레메〔Göreme〕
병풍처럼 펼쳐진
기암괴석의 파노라마에 놀랄 뿐이다
땅과 하늘이 합창이라도 하듯

---

18) 성채의 꼭대기
19) 3,916미터

파샤바〔Paşaßağ〕
웬 스머프〔Smurf 〕 동산에
난쟁이들이 노니는 듯
버섯바위들이 떼로 서있네.

마도〔MADO〕아이스크림[20] 녹듯
비바람과 세월이
하나씩 하나씩
지워가고 있구나.

(2008. 10. 13.~14.)

20) 마도아이스크림의 전통은, 수백 년 전에 Ahir 산 동굴들에 쌓인 눈 더미를 여름에 더울 때 과즙들과 섞어서 karsambac라는 이름의 시원한 tatli〔디저트〕를 만들어온 마르쉬 지방의 맛 전문가와 이 후에 우유, 꿀, 살렙 등을 첨가하여 발전시킨 형태의 혼합물로부터 마르쉬 돈두르마를 만들어낸 야샤르〔yachar〕 가문의 선조들 중 오스만 씨가 이뤄낸 것이라고 한다.

4. 파묵깔레〔Pamukkale〕

하얀 석회물이 흘러
계단을 이루고
계단 위로 다시 온천물이 흘러내려
석회봉을 이루다

목화로 성벽을 두른 듯
햇살에 눈이 부시고
시간의 벽을 넘어
온천을 즐길 수 없어 아쉽기만 하다.

한쪽은 산자들의 휴양지
히에라폴리스〔Hierapolis〕
다른 쪽은 사자들의 은신처
네크로폴리스〔Necropolis〕

(2008. 10. 14.~15.)

5. 에페스〔Efes〕

이처럼 초라한 웅덩이 위에
한때는 신전[21]이 있었다니
대리석은 성소피아성당이 되고
기둥잔해만이 탑이 되어 홀로 서있네

헤라클레스문을 지나
퀴레트거리에 나서면
머리 없는 석상이
오늘날 모습에 두려운 듯

왼손에 월계관
오른손에 밀 다발[22]
성스럽게 타는 불꽃이[23]
에베소〔Ephesus〕[24]를 밝히네.

---

21) 아르테미스신전
22) 승리의 여신 니케
23) 의회건물 지붕의 기둥에서는 성스러운 불이 타고 있었다고 한다.
24) 신약성서에는 에베소로 기록되어 있다.

아홉 계단을 넘어
지성의 산실 켈수스〔Celsus〕도서관을 둘러보고
노예에서 자유 몸이 된
마제우스[25]와 미트리다테스[26]문을 빠져 나오다
천년의 풍상 속에서
처연히 퇴락해 왔지만
오히려 오연〔傲然〕하게
나를 전율케 했다.

그 옛날 시끌벅적했을
로마원형극장,[27] 장터[28] 텅 비어 있어
안네 카트리네 계시 받아
성모 마리아 집[29]에나 찾아나서 볼 걸

(2008. 10. 15.)

25) Mazaeus
26) Mitridates
27) 사도바울이 종교논쟁을 하다가 추방당했다고도 한다.
28) 상업아고라
29) 사도 요한과 마리아가 에베소에서 여생을 보냈다고 한다.

이스탄불

성 소피아성당,
톱카프 궁전,
블루모스크1)
여행책자에서나 봐왔던
이스탄불의 상징들이
파노라마처럼 펼쳐진다.
가이드 말을 듣고 있노라면
눈의 즐거움보다
과거를 알아야 현재가 보이는 곳이기에
그 옛날 동로마제국이 멸망하는 날
배가 산으로 간 까닭을
이제야 알 것 같다.
골든 호른을 가로지르는 갈라타〔galata〕 다리 위에선
사람들이 일렬횡대로 서서
바다 속으로 낚싯줄을 드리우고,
다리아래에선 생선구이집들이 연기를 피운다.
고등어 케밥을 안 먹어본 게 후회스럽다.
햇살이 내리쬐는 바다를 바라보며

1) 통상 이슬람사원의 첨탑은 4개인데, 여기는 6개다. 일설에 술탄이 첨탑을 '금〔알튼〕'으로 만들라고 명령했는데, '여섯〔알트〕'으로 잘못 알아듣고 지었다고 한다(1609년 착공, 1616년 완공).

綠의 大陸 - 오세아니아

〔호주 시드니〕

뉴질랜드 북섬

가도 가도 녹색융단
하이얀 양떼들

와이토모〔WAITOMO〕 동굴 속
개똥벌레 은하수

로터루아〔ROTORUA〕 간헐천
화카레와레와〔WHAKAREWAREWA〕

코와 코, 혀에 혀
마오리 하에레마에

평화의 흰 구름
풍요의 보석상자

시드니[SYDNEY]

광활한 적갈색
남반구 지상낙원엔
자연과 인공의
멋진 어우러짐과
가슴 벅찬 만남이 있었다.

적벽돌집 굴뚝,
나무그늘 연단 위에 선 사람,
융단같은 잔디밭,
한가로이 벤치에 앉아 있는 노인들,
거리의 이름
이 모든 것이 영국을 생각나게 한다.

바람을 가르는 파도 위에
흰 조가비를 포개 놓은 듯한
오페라 하우스,
태양이 작열하는 바다 위에
걸쳐 있는 하버브리지,
파도가 산산이 부서지는
본다이〔Bondi〕 해변
이 모든 것이 시간의 흐름조차 멈추게 한다.

로토루아[ROTORUA]

한 켠에선
무지개, 갈색 송어의 파라다이스가[1]
또 한 켠에선
양털깍기, 양몰이 쇼가[2]

땅위엔
팥죽 같은 진흙열탕이
하늘엔
분수같은 간헐철 물기둥이[3]

---

1) Paradise Valley Springs
2) Agrodome Leisure Park
3) Whakare Warewa

아침엔
레드우드 숲속에서 삼림욕을[4]
저녁엔
유황노천탕에서 온천욕을[5]
눈에는
하카〔Haka〕 춤사위에[6]
귀에는
포카레카레〔Pokare-Kare〕[7]

(2000. 5. 8.~9.)

4) Redwood
5) Polynesian Spa
6) 마오리족의 항이 디너쇼.
7) 포카레카레는 뉴질랜드 민요로. 우리나라에서 '연가'로 번안되어 애창되어 왔다.

정원의 도시,
크라이스트처치[CHRISTCHURCH]

카누가 미끌어지는
에이본 강〔Avon River〕

엘리자베스 여왕도 탐낸
모나 베일〔Mona Vale〕 농장

클린턴이 입맛 다신
캐시미어 언덕〔Cashmere Hills〕 위 레스토랑1)

하지만 해글리 공원〔Hagley Park〕을 보지 않고는
크라이스트처치를 말하지 말라고……

(2000. 5. 10.)

1) The sign of Takahe(네오고딕식의 건축물).

켄터베리[CANTERBURY] 평원

Mount Cook 만년설이 녹아내린
옥색 Pukaki, Tekapo 호수를
양몰이 세퍼드〔Shepherd〕가 둘러볼 때[1)]
캔터베리 대평원엔
양들의 침묵이,
Rakaia江 한복판엔
연어들의 왕국이

(2000. 5. 11.)

1) The Church of the Good Shepherd

퀸즈타운[QUEENSTOWN]

마오리 여인을 사랑하던 거인의 심장이
아직도 뛰고 있는
와카티푸〔Wakatipu〕 호수

늙지 않는 샘물을 먹고
마오리 추장부부의 사랑을 훔친
티 아나우〔Te Anau〕 호수

오리지널 번지〔Bungy〕점프[1]
스릴만점 제트보트〔Jet Boat〕[2]
카와라우〔Kawarau〕강은 흥분의 도가니

(2000. 5. 11.)

---

1) 1988. 11. 세계최초의 번지다리가 카와라우 강위에 놓여졌다.
2) 360° 회전하는 Shotover Jet Boat Ride.

밀포드 사운드[MILFORDSOUND] 크루즈

깎아지른 절벽엔[1]
빙하가 할퀸 줄무늬에[2]
실폭포가 드리워져[3]
장관일세.
바닷물을 뚫고 솟은 봉우리들은
웅크린 사자[4], 코끼리 머리[5]를 닮아
장엄하오.
가장자리에선 물개들이 낮잠을 자고[6]
한복판에선 돌고래들이 수영을 하니
한가로움일세.
얼굴을 내밀어
폭포수를 맞으니[7]
경이롭구나!

(2000. 5. 12.)

---

1) The Overhang(협곡) 700m
2) Glacial Striations(빙하줄무늬)
3) Cascade Range(폭포지대)
4) The Lion(사자산) 1302m
5) The Elephant(코끼리 산)
6) Seal Rock(물개바위)
7) Stirling Falls 151m

■ 저자약력

한양대학교 법정대학 법학과 졸업
연세대학교 행정대학원 사법행정학과 졸업
서울대학교 사법발전연구과정 수료
연세대학교 특허법무대학원 고위자과정 수료
인하대학교 대학원 졸업 (법학박사)
(현) 인하대학교 법학전문대학원 겸임교수
법무법인 우리법률 대표변호사

■ 저서·논문

우리나라 항고소송의 대상으로서 처분성과 소의 이익에 관한 연구(박사학위논문)
(시집) 징맹이고개 위에 쌓은 마음 (형성사, 1995)
(시집) 삶의 뜨락 (선, 2000)
법은 밥이다 (법률시대, 2001)
법과 사회 (도서출판 미산, 2004)
살아있는 법률 강의 (도서출판 미산, 2004)
항고소송론 (도서출판 미산, 2005)
행정구제법 (도서출판 미산, 2005)
행정작용법 (도서출판 미산, 2006)
행정법통칙 (도서출판 미산, 2006)
행정법총론 (도서출판 미산, 2009)
판례중심 행정소송법 (도서출판 미산, 2009)
(시집) 식(息) (도서출판 미산, 2010) 외 다수

휴休 [ISBN 978-89-958680-2-7]

발행일 2010년 3월 16일 초판 1쇄 발행
저 자 진 영 광
발행인 진 학 범
편 집 새벽동산
발행처 도서출판 미산(嵋山)
인천광역시 부평구 부평4동 373-26 추인타워 301호
전화 (032) 517-5002
FAX (032) 529-2134
등록 2004. 4. 6. (2004-3)
E-mail : modjin@paran.com

• 정가 10,000원